# 欧州ポピュリズム
## ——EU分断は避けられるか

庄司克宏
Shoji Katsuhiro

ちくま新書



1327

はじめに

# 欧州ポピュリズムの衝撃

国民戦線(FN)、マリーヌ・ルペン党首
(©European Union 2015)

## 1　二〇一七年ポピュリズム危機——アムステルダムからプラハへ

### †欧州大陸における二〇一七年選挙とポピュリスト政党

二〇〇九年一〇月に発覚したギリシャの債務問題が引き金となって、欧州債務危機（ユーロ危機）が南欧諸国を襲った。南欧諸国は欧州連合（EU）に金融支援を求めたが、それと引き換えに厳しい緊縮財政を課されることになった。その結果、ギリシャでは「急進左派連合」（SYRIZA）の政権が成立し、スペインでは「ポデモス」（Podemos）が躍進するなど、各国で急進左派のポピュリスト政党が台頭した。

また、二〇一五年にはシリア内戦を逃れた人々など一〇〇万を超える難民・移民がEU域内に流入し、欧州で難民危機が勃発した。それを契機に、EUの難民政策を糾弾する急進右派（あるいは極右）のポピュリスト政党が、西欧や北欧の諸国を中心に急速に支持を拡大していった。

さらに、二〇一六年にイギリスでEUからの離脱の是非をめぐって国民投票が実施され、EU離脱が選択された。その背景の一つとして、ポピュリスト政党である「イギリス独立党」（UKIP）が、ポーランドなどからの労働者の流入拡大に不安を感じる国民を扇動して功を奏したという要因があった。

これらの危機は、各国におけるポピュリズムの台頭と浸透をもたらす結果となった。そうした影響もあって、二〇一七年にオランダ、フランス、ドイツ、オーストリア、チェコで国政選挙が行われた際には、世論調査では軒並み反EUポピュリスト政党の躍進が予想されていた。はたしてEUは持ちこたえることができるのか、という深刻な不安が欧州の人々の心をよぎった。EUは存亡の危機に直面していたのである。まずは、その結果をおさらいしておこう。

### †三月一五日オランダ総選挙

オランダでは、二〇一七年三月一五日に下院議会選挙が実施された。ポピュリストのヘルト・ウィルダース（Geert Wilders）党首が率いる「自由党」（PVV）は、反移民・難民や反EUを主張して第一党になることが有力視されていた。しかし、定数一五〇議席のうち、マルク・ルッテ（Mark Rutte）首相が率いる中道右派・「自由民主国民党」（VVD）が三三議席を獲得。前回選挙より八議席減らしたものの、第一党の座を守った。PVVは五議席増の二〇議席を獲得したが第二党にとどまり、連立政権からは排除された。

### †五月七日フランス大統領選挙

フランス大統領選挙では、四月二三日の第一回投票で中道派のエマニュエル・マクロン（Emmanuel Macron）候補が二四・〇%、またポピュリスト政党である「国民戦線」（FN）のマリーヌ・ルペン（Marine Le Pen）候補が二一・三%を得票し、従来の主要政党である中道右派「共和党」と中道左派「社会党」の両候補を破って五月七日の決選投票に進んだ。その決選投票では、親EU派のマクロン候補が六六・一%を得票して勝利をおさめたが、反グローバル化や反EUを訴えたルペン候補も三三・九%の票を集めた。

### †九月二四日ドイツ総選挙

ドイツ連邦議会選挙では、「ドイツのための選択肢」（AfD）が極右政党として第二次世界大戦後はじめて国政に進出するかどうかが注目された。選挙は九月二四日に行われ、反移民・難民や反EUを唱えたAfDが総議席七〇九のうち九二議席を占めて、いきなり第三党に躍り出る結果となった。選挙で筆頭候補者としてAfDを統率したのは、極右・強硬派のアレクサンダー・ガウラント（Alexander Gauland）氏とアリス・ヴァイデル（Alice Weidel）氏であった。

### †一〇月一五日オーストリア総選挙

オーストリアでは、ナチスの流れを汲む極右政党として知られる「自由党」（FPÖ）が、一〇月一五日の国民議会選挙で躍進して、連立政権に加わるのではないかと予測されていた。総議席一八三のうちFPÖは五一議席を獲得し、僅差で五二議席の「社会民主党」（SPÖ）に次ぐ第三党となり、六二議席で第一党を確保した中道右派の「国民党」（ÖVP）と連立政権を形成することとなった。これは、二〇〇〇年の選挙後の連立政権に次いで二回目となる。ÖVP党首のセバスティアン・クルツ（Sebastian Kurz）首相が率いる連立政権で、FPÖのハインツ＝クリスティアン・シュトラッヘ（Heinz-Christian Strache）党首は副首相に就任している。

### †一〇月二〇―二一日チェコ総選挙

チェコでは一〇月二〇―二一日の下院選挙において、ポピュリスト政党の「ANO」が得票率二九・六％で総議席二〇〇のうち七八議席を占め、第一党となった。反ユーロ（単一通貨ユーロから離脱して自国通貨を復活させることを主張する立場）、反移民・難民の立場をとるアンドレイ・バビシュ（Andrej Babiš）氏が党首を務め、選挙前の連立政権では第一副首相・財務相の役職にあったが、今回の選挙結果を受けて少数政権の首相に就任した。しかし、二〇一八年一月、下院の信任が得られず辞職した。新たな内閣が任命されるまでバビシュ首相は職にとどまるが、二回目の組閣に向けて他党と協議中である。なお、同月には大統領選挙が実施され、バビシュ首相と同じく反移民・難民の立場に立つ現職のミロシュ・ゼマン（Miloš Zeman）大統領が再選された。

以上の二〇一七年における一連の選挙について、図表序－1を参照されたい。なお、イタリアでは二〇一八年三月四日に総選挙が行われ、EUに懐疑的で反移民・難民の政策を主張するポピュリスト政党が躍進した。すなわち、左派色の強いポピュリスト政党である「五つ星運動」が第一党となり連立政権樹立を目指す一方、政党グループとしては最大勢

図表序-1　欧州大陸における2017年選挙とポピュリスト政党

| | ポピュリスト政党、党首 | 2017年選挙 | 結果 |
|---|---|---|---|
| オランダ | 自由党（PVV）、ウィルダース | 3月15日<br>総選挙 | 第2党 |
| フランス | 国民戦線（FN）、ルペン | 5月7日<br>大統領選挙 | 得票率33.9%<br>（決選投票） |
| ドイツ | ドイツのための選択肢（AfD）、ガウラント（共同党首） | 9月24日<br>総選挙 | 第3党 |
| オーストリア | 自由党（FPÖ）、シュトラッヘ | 10月15日<br>総選挙 | 第3党、<br>連立政権 |
| チェコ | ANO、バビシュ | 10月20〜21日<br>総選挙 | 第1党、<br>首相 |

力となった中道右派連合の中では極右政党の「同盟」が最多議席を確保した。

## 2　欧州ポピュリズムの台頭と浸透

### †欧州ポピュリズムへの支持拡大

　このように、二〇一七年選挙では各国のポピュリスト政党が台頭し、浸透している様子がうかがえた。今回は政権を奪取できなかったポピュリスト政党も、次の選挙では大統領や首相の地位を狙うことができるところまで来ているのかもしれない。いまや、欧州ポピュリズムは一過性の問題ではなく、持続的な脅威なのである。

**図表序-2　欧州におけるポピュリスト政党の得票率**

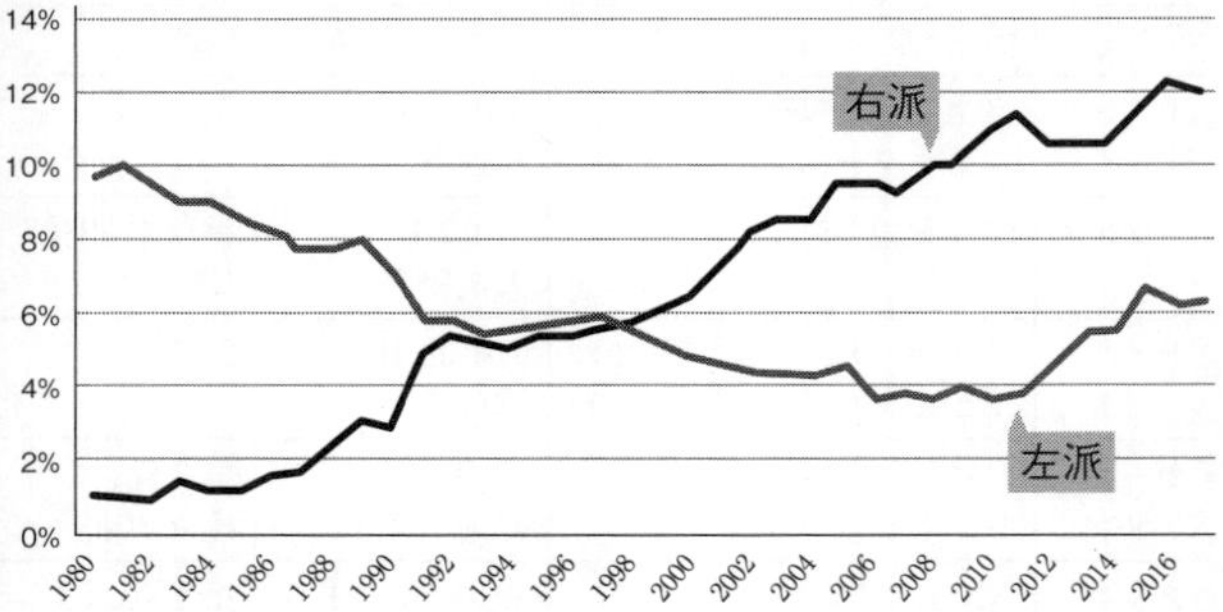


出典：Heinö *et al, Authoritarian Populism Index 2017*, European Policy Information Center, p. 2

欧州におけるポピュリズムは長い歴史を持ち、古くはギリシャ時代にさかのぼるものと言われている。しかし、第二次世界大戦後から一九九〇年代にかけては、アメリカとソ連の対立を軸とする東西冷戦とその余波の中で、欧州（西欧）の政治は中道右派と中道左派の政党間で繰り広げられ、ポピュリズムという現象はほとんど見られなかった。しかし冷戦終結後、近年になって、それらの政党の政策が接近して違いがあまり見られなくなり、他の選択肢として欧州全域でポピュリスト政党が選挙で台頭するようになっている。急進右派ポピュリスト政党の得票率は、一九八二年の一%から二〇一七年の一二・一%へと一貫して増加傾向にある。一方で急進左派ポピュリスト政党においても、一九八一年の九・九%から二〇一〇年の

**図表序-3　欧州における政党イデオロギー別得票率**

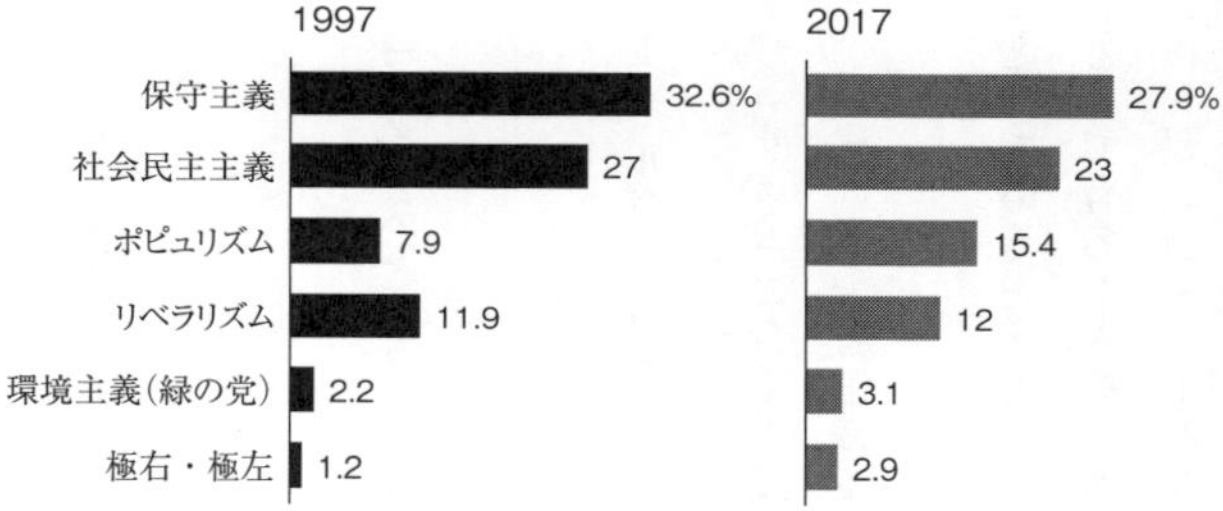


出典：Atlas (Data: Epicenter Network), in "Populist, authoritarian leaders are still on the rise across Europe", *Quartz* (qz.com)

三・七%に低下した後、二〇一七年には六・三%まで回復している(図表序-2)。EU加盟国において、急進右派ポピュリスト政党への支持率がとくに高いのは、旧共産圏のハンガリー、ポーランド、また、難民・移民の流入が多かったオーストリア、デンマークなどである。これに対し、急進左派ポピュリスト政党への支持率がとくに高いのは、欧州債務危機で打撃を受けたギリシャ、イタリア、キプロス、スペインなどとなっている(Heinö *et al* 2017)。

### †政党イデオロギーとしてのポピュリズムの浸透

欧州ポピュリズムの浸透ぶりは、政党イデオロギー別の得票率を見ても明らかである。一九九七年には第一位から第四位の順に「保守主義」「社会民主主義」「リベラリズム」「ポピュリズム」であったが、二〇一七年にはポピュリズムがリベラリズムを上回り、第三位に浮上している。リベラリズムの得票率は横ばいであるが、保守主義と社会民主主義の減少分をポピュリズムが吸収している（図表序－3）。

## 3　フランスとドイツにおけるポピュリズムとEU

### †マリーヌ・ルペンとFrexit

ポピュリズムの台頭と浸透の代表的な事例として、EUの中心を占める二大国を見てみよう。フランス大統領選を戦ったマリーヌ・ルペンの父親は、「国民戦線」（FN）の創立者ジャン＝マリー・ルペン（Jean-Marie Le Pen）である。ナチスのガス室は「歴史上の些細なこと」であると発言してホロコーストの存在を否定するなど、反ユダヤ的な人種差別主義者として有名な人物である。娘のマリーヌ・ルペンは二〇一一年に国民戦線の党首に選出され、翌二〇一二年の大統領選挙の第一回投票では得票率一七・九〇％で第三位となった。また、二〇一四年欧州議会選挙では、国民戦線がフランスに割り当てられた議席総数七四議席のうち二三議席を獲得して、大躍進を果たした。こうした中、マリーヌ・ルペンは国民戦線のイメージを刷新するため、反ユダヤ的発言を繰り返す父親を公然と非難するようになり、二〇一五年に党から除名するに至った。

二〇一七年大統領選挙に臨んで、マリーヌ・ルペンは反EU、反グローバル化、反移民、反イスラムの立場を鮮明にした。さらに、イギリス国民投票におけるBrexit（EU離脱）をベルリンの壁崩壊以降における最も重大な事件と位置づけ、フランスにおいても国民投票によるFrexit（フランスのEU離脱）をめざそうとした。それは、マクロン候補の親EU路線と全面的に衝突する立場であり、マリーヌ・ルペンの大統領選挙マニフェストでは次のように計画されていた。

まず、EU域内における国境管理の撤廃（シェンゲン領域への参加）を即時停止し、EU加盟国との国境でパスポート・チェックを復活させる。

次いで、イギリスの国民投票に至るプロセスにならって、大統領選挙後の六カ月間にEUとの間で交渉を行い、フランスの加盟条件を大幅に変更するとともに、単一通貨ユーロ、（ユーロ圏諸国に課される）財政規律、シェンゲン領域およびEU法の国内法に対する優越を廃止して、EUを諸国家の緩やかな協力体に変えることをめざす。

六カ月間の交渉後に、フランスはEU加盟の是非を問う国民投票を実施する。マリーヌ・ルペンとしては、EUを内部から大幅に変更することができない場合には、フランスのEU離脱すなわちFrexitを勧告する。フランス国民がその勧告を拒否する場合、ルペンは辞職する。なお、単一通貨ユーロからの離脱については、有権者が国民投票で同意する場合にのみ実行する。離脱後は、為替レートの変動を管理する緩やかな通貨協力に移行する。

五月七日に行われたフランス大統領選挙の決選投票では、前述のとおり、中道派のマクロン候補が得票率六六・一％で、マリーヌ・ルペン候補の三三・九％を上回って当選を果たした。しかし、第一回投票の結果を見るならば、首位のマクロンが得票率二四・〇％であるのに対し、第二位のルペンは二一・三％であり、約二・七％の僅差であったことがわかる。二〇一二年の大統領選挙において、ルペンの得票率は一七・九％で第三位であったことを考慮すると、ルペン候補の躍進ぶりが印象的である。このようにして、マリーヌ・ルペンは二〇二二年に行われる次期大統領選挙の有力候補としてとどまり、自身も立候補する意向である（支持層を広げるため、党名を「国民連合」［RN］に変更する方針が発表されている）。

なお、次いで六月一一日、一八日に行われた国民議会選挙では、マクロン大統領が率いる「共和国前進」(La République En Marche!) が定数五七七議席のうち三〇八議席を占めて過半数を制し、国民戦線は八議席にとどまった。

もし今回の大統領選挙でマリーヌ・ルペンが当選し、かつ、国民戦線が国民議会で過半数を制していたならば、彼女の対EU公約は実行されていただろう。それはEUの崩壊をもたらしたかもしれない。たとえ国民投票がFrexitに至らなかったとしても、従来の独仏枢軸に基づく統合強化は大幅に修正を余儀なくされ、EUの政策と活動は事実上停滞したものと思われる。

マリーヌ・ルペンのFrexit路線はまだ可能性として残されている。マクロン大統領が任期中にフランス国民を満足させる結果を達成できないならば、フランスの親EU路線は躓き、次期大統領選挙でマリーヌ・ルペンが当選するかもしれない。マクロン大統領の成功の鍵を握るのは、ドイツとの緊密な協力関係である。そこで、二〇一七年九月に行われたドイツの連邦議会選挙がどのような結果となったのかを、次にもう少し詳細に見ることとする。

## †「ドイツのための選択肢」(AfD)と反EU政策

「ドイツのための選択肢」(AfD)という名称は、欧州債務危機の際に単一通貨ユーロを救うための政策について、アンゲラ・メルケル(Angela Merkel)首相が「他の選択肢は存在しない」と述べたことに由来する。AfDは二〇一三年に、単一通貨ユーロに反対する政党として創設された。その年の連邦議会選挙では得票率四・七%を達成したが、五%の壁を破ることができず議席獲得はならなかった。しかし、二〇一四年の欧州議会選挙では、得票率七・四%で七議席を獲得している。二〇一五年になると、党内権力闘争の末、共同党首の一人がフラウケ・ペトリ(Frauke Petry)氏に交代した結果、反移民・反イスラムの政策を打ち出すことになる。同年の欧州難民危機の際に大量の難民がドイツに流入したことについてメルケル首相の「門戸開放政策」を批判し、とくに旧東ドイツの各州で党勢を拡大することに成功した。二〇一六年の四つの州議会選挙では一二・六%から二四・三%の票を得ている。

しかし、ペトリ氏は連立政権入りをめざしてAfDを「穏健化」しようとしたが失敗し、AfDの実権は極右的な強硬派のアレクサンダー・ガウラント氏とアリス・ヴァイデル氏が握ることとなった。ガウラント氏は七六歳の弁護士兼ジャーナリストで、かつてはメルケル首相が現在率いるキリスト教民主同盟（CDU）に四〇年間所属していた。また、ヴァイデル氏は二人の養子とともに同性パートナーと暮らしており、以前はゴールドマン・サックスに勤めていた。両氏がAfDの筆頭候補者となって二〇一七年九月の総選挙で第三党に躍進し、その直後にペトリ氏はAfDを離党することとなった。彼女の後任として、ガウラント氏が共同党首に就任している。

二〇一七年九月総選挙のマニフェストにおいて、AfDは反移民、反イスラムの政策を打ち出すとともに、次のような対EU政策を約束していた。すなわち、中央集権的な「欧州合衆国」を否定し、EUを主権国家が緩やかに結合する経済連合に回帰させるべきである。そのため、EUの現行枠組み内でAfDのめざす基本的改革が達成できない場合、ドイツはEUから離脱するか、またはEUを民主的に解体して、新たな「欧州経済連合」を創設すべきである。とくに単一通貨ユーロについては秩序ある解体をめざし、連邦議会で合意できなければ国民投票に問うべきである。

AfDの対EU政策は、反移民、反イスラムの政策とともに、フランスの国民戦線と同様であることがわかる。しかし、議院内閣制をとるドイツで第三党にとどまるAfDがそのような政策を実現することは不可能であり、また、他のいずれの政党もＡｆＤとの連立を拒否している。また、二〇一六年六月二三日のイギリス国民投票の翌日に行われたドイツの世論調査では、回答者の八二％がドイツのＥＵ加盟を支持しており、また、七一％がイギリスのような国民投票を実施すること自体に反対している。

他方で、二〇一三年選挙でメルケル首相が率いる「キリスト教民主同盟・キリスト教社会同盟」（ＣＤＵ／ＣＳＵ）に投票した有権者のうち一〇〇万人以上が、従来の移民・難民に寛容な政策に反対して、二〇一七年選挙でＡｆＤなどに投票した。その結果、ＣＤＵ／ＣＳＵの得票率が先回選挙から八・六％減少して三二・九％にとどまり、連立パートナーの「社会民主党」（ＳＰＤ）とともに戦後最低を記録した。これにより連立交渉が難航し、ドイツのＥＵにおけるリーダーシップにも負の影響を与えている。結局、両党の連立政権が二〇一八年三月一四日にようやく発足し、メルケル首相が再選（四期目）された。しかしその結果、ＡｆＤが野党第一党になるという皮肉な事態が生じている。

## 4　本書の構成

本書は、欧州ポピュリズムという現象を素材として、欧州統合の今後を考える試みである。欧州にポピュリズムが蔓延する中、リベラリズムを標榜するEUはどこへ向かうのだろうか。そのような問題関心から、本書では次の順序で論じることとしたい。

まず第一章において、そもそもポピュリズムとは何なのか、欧州におけるポピュリズムにはどのような特徴があるのかについて述べる。次に第二章では、EUとはどのような存在なのかを明らかにし、EUがなぜポピュリスト政党から攻撃を受けるのかについての制度的な背景を探る。そのようなEU理解に基づいて第三章は、欧州ポピュリズムがなぜ出現したのかという問題を考察する。そのうえで第四章では、欧州ポピュリズムがEUにとっていかなるリスクとなるのかを解明する。最後に第五章で、そのようなリスクに対してEUはどう対応しようとしているのか、リベラルEUは生き残ることができるのかを検討する。

第一章
# 欧州ポピュリズムとは何か

「ドイツのための選択肢(AfD)」筆頭候補者、
アレクサンダー・ガウラント氏(左)とアリス・ヴァイデル氏(右)
(AP/アフロ)

冷戦終結後のリベラルな秩序が、三つの意味で崩壊し始めているという指摘がある。第一に、西側諸国は国際システムにおいてパワーと影響力を失いつつある。それは、中国の台頭やロシアの復活、世界各地での武力紛争の増大に表れている。第二に、マーケット・デモクラシーという西側モデルが、普遍的な魅力を失いつつある。すなわち、世界全体における物、資本、思想および人の自由移動として理解されるグローバル化に対する反発が生じている。第三に、西側諸国のリベラル・デモクラシー体制が、ポピュリズムの台頭により内部の危機に直面している（Krastev 2016）。

本章では、第三点で指摘される、ポピュリズムによる欧州の危機を念頭に置きながら、ポピュリズムとは何か、また、ポピュリズムはなぜリベラル・デモクラシーにとって危険なのか、さらに、グローバル化という文脈の中で欧州ポピュリズムはEUとどのような関係にあるのか、という点について考えることとする。

## 1　ポピュリズムをどのように捉えるか

## †ポピュリズムの定義

ポピュリズムとは「大衆迎合主義」とも称されるが、一般に、次のように定義される。「特権的エリートに対抗して一般大衆の利益、文化的特性および自然な感情を強調する政治運動。正当化のために、ポピュリストはしばしば、チェック・アンド・バランスや少数派の権利にあまり配慮することなく、直接に、すなわち大衆集会、国民（住民）投票や、大衆民主主義の他の形を通じて、多数派の意思に訴える。」（Di Tella 1995）

この定義に見られるとおり、ポピュリズムにおいては、多数派の一般大衆と特権的エリートとの対抗関係が前提とされている。このようにポピュリズムは、「社会は「無垢の民衆」対「腐敗したエリート」という、同質的で相対立する二つの陣営に究極的には区別されるとみなし、また、政治は民衆の一般意思の表明であるべきだと主張する、実質に欠けた（thin-centered）イデオロギー」（Mudde & Kaltwasser 2017）として捉えることができる（図表1－1）。なお、「一般意思（意志）」とは、「私的利害をもつ個々の意志の総和ではなく、個々の利己心をすてた一体としての人民の意志」であり、「ルソーの用語で、彼はこれを主権の行使の基礎とした」とされる（新村出編『広辞苑［第六版］』岩波書店、二〇〇八年）。

図表 1-1　ポピュリズムにおける対立関係

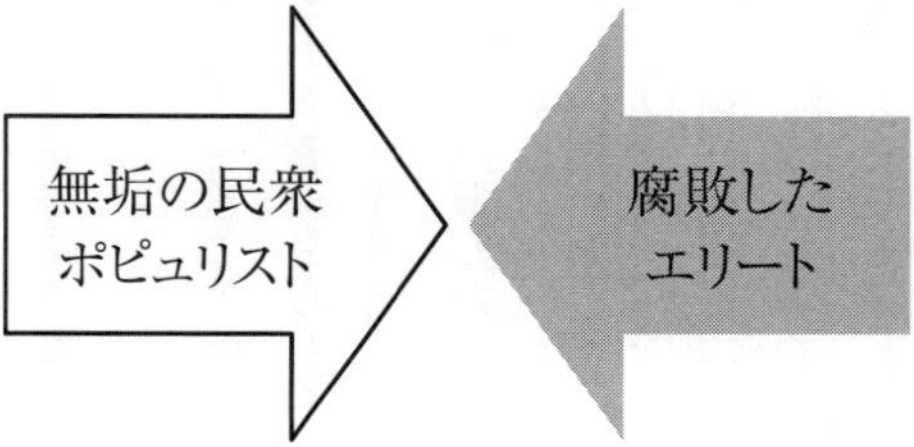


「実質に欠けた」とは、ポピュリズムがそれ自体は「広範にわたる重要な政治的問題に対する一貫した解答を提供する完全な世界観ではない」ことを意味し、「社会主義やナショナリズムのような他の本格的なイデオロギーに結びつくことで、はじめて具体的な政治的主張を行う」ことを示している。また、ポピュリズムは思想やイデオロギーではなく、政治リーダーが利用する「政治的戦略」であると捉えるアプローチもある。このように、ポピュリズムとは何かについて必ずしも定説があるわけではない。本書ではさしあたって、欧州におけるポピュリズムを、基本的に先述したような政治イデオロギーとして広く捉えることとして議論を進める。

### †排外主義・ポピュリズム

ポピュリズム政党は、移民排斥を主張する排外主義・ポピュリズムと、司法権の独立などを否定しようとする反リベラル・ポピュリズムに大別できる。排外主義・ポピュリズムは、とくに急進右派や極右に見られ、法と秩序を重視する。偏狭なナショナリズムと自国民に限定した福祉国家を擁護する。移民および文化に優劣はないとする「多文化主義」(multiculturalism)に反対し、生粋の国民や定住民(以下、自国民)の利益のみを擁護しようとする。

排外主義・ポピュリズムの政党は、フランスではマリーヌ・ルペンの下での「国民戦線」(FN)、「ドイツのための選択肢」(AfD)、オランダの「自由党」(PVV)、「イギリス独立党」(UKIP)、オーストリア「自由党」(FPÖ)など、各国に多数存在し、近年台頭している。排外主義・ポピュリズムの政党は、移民・難民に寛容な政策をとってきた自国政府やEUを批判して強硬な立場をとり、また、難民を不法移民と同一視して国外追放を主張することなどにより、自国民の支持を集めている。それが功を奏して、中道右派政権や中道政権に参加することもある。

## †反リベラル・ポピュリズム

反リベラル・ポピュリズムは、民主主義には従うが、個人の自由な活動領域をできる限り確保しようとするリベラリズムに反対する。司法権の独立を尊重せず、たとえば憲法裁判所を弱体化しようとすること、メディアを統制すること、少数派を軽視することなどに特徴が見られる。右派と左派の双方に存在するとされるが、実際には右派が目立っている。とくに中東欧諸国で勢力を有し、単独政権を率いる場合もある。例としては、ハンガリーのオルバン・ヴィクトル（Orbán Viktor）首相が率いる与党「フィデス＝ハンガリー市民同盟」（Fidesz）、ポーランドのヤロスワフ・カチンスキ（Jarosław Kaczyński）党首が率いる与党「法と正義」（PiS）などがある。それらの政党は政権に就くや否や、憲法や法律を「改正」して憲法裁判所に自党支持の裁判官を送り込むこと、テレビやラジオなどのメディアを政府統制下に置くこと、少数派の意見を代弁する民間団体（NGO）の活動を妨害すること、などを次々と実行している。

実際には、排外主義・ポピュリズムと反リベラル・ポピュリズムは、多かれ少なかれ、重なり合いつつ存在している。

## 2　ポピュリズムとリベラル・デモクラシー

### †リベラル・デモクラシー

西側諸国が築いた秩序の核となっているのは、リベラル・デモクラシーである。それは立憲民主主義と同義で用いられる。リベラル・デモクラシーは、リベラルの柱とデモクラシーの柱で支えられている（Canovan 1999, 2004）。最大の特徴は、両者の関係が不安定なことにある。

リベラルの柱においては、国家の最高権威は法に存するべきであるとされる。つまり、法の支配を意味する。これは、国家や他の団体・個人による権力の恣意的な行使に対して、すべての市民の個人的権利を保護する手段として働く。権力は、チェック・アンド・バランスにより、また、さまざまな個人および集団の利益が相互に抑制されることを保障する代表制により制限される必要があると考えられる。

これに対して、デモクラシー（民主主義）の柱においては、法は特定の集団の支配を組織し、隠蔽することがあるので、最高権威は法ではなく、人民にあることが求められるとされる。民主的参加プロセスにより、人民の一般かつ共通の意思が確立され、実行される。このように、リベラル・デモクラシーは、両方の柱における一見して相容れない論理の間で微妙なバランスがはかられた妥協を具現している（Abts & Rummens 2007）。

リベラル・デモクラシーの真骨頂は、敗者が敗北をあまり恐れる必要がないことにある。選挙で敗北しても次の選挙で勝てる機会があるため、敗者が亡命したり潜伏したりする必要はない。リベラル・デモクラシーは、勝者に対して完全かつ最終的な勝利を否定する。しかし、ポピュリストは、国民の意思は他のいかなる力からも制約を受けるべきではないと考える。また、多数派の権力に制限を課し、選挙で負けた人々を含む少数派を保護するという、リベラル・デモクラシーの基本前提を否定する。ポピュリズムにとって、最大の敵は独立の機関である。ポピュリストは、権力分立と司法権の独立、またメディアの多元主義と独立性を、多数派支配と民主主義に対する攻撃とみなす。この点は反リベラル・ポピュリズムに顕著であるが、排外主義・ポピュリズムにおいても、多かれ少なかれ見られる傾向がある。ポピュリストにとって、権力分立はエリートの計略であり、責任を曖昧に

図表1-2　リベラル・デモクラシーにおけるバランス

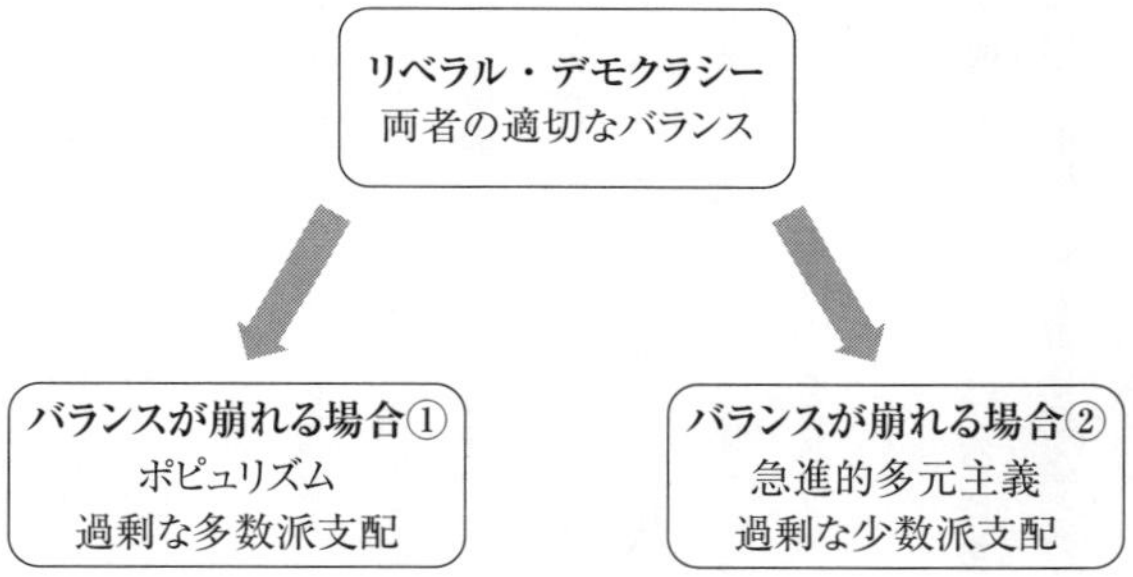


する巧妙な装置である（Krastev 2016）。

### †リベラル・デモクラシーのバランスが維持されない場合

リベラル・デモクラシーにおいて多数派支配と個人および少数派の権利との間で適切なバランスが維持されない場合、それは二通りの結果をもたらす可能性がある。第一の可能性は、民主主義の側面が個人および少数派の権利を過度に弱体化するまでに肥大化した場合であり、このときポピュリズムという名の「民主的無秩序」が生じる。

これに対し、第二の可能性は、リベラルまたは反多数派的な側面が人民の自治と社会的結束を損なうまでに拡大する場合である。理論的には過剰な個人主義が生まれるかもしれないし、現実には少数派集団が多数派に対して過剰な権力を獲得する「急進的多元主義」（radical pluralism）という状況に至るかもしれない。以上の点について、図表1－2を参照されたい。

通常起こりうるのは、第一の可能性のほうである。リベラル・デモクラシーのバランスがリベラルの柱に偏ると認識されるときに、ポピュリストの憤りが生じる。ポピュリズムは、民主主義の柱に依拠して、人民に権力を取り戻そうとする欲求の表明である。それは、民主主義それ自体の名において、内部からリベラル・デモクラシーに異議申し立てを行う。このことは、「反リベラル・デモクラシー」（illiberal democracy）の状況を生み出す。反リベラル・デモクラシーとは、「まずは十分に自由かつ公正な選挙を通じて支配者を選択するが、法の支配ならびに個人および少数派の権利保護に欠ける体制」を指す（Plattner 2010）。ナチス・ドイツのように多数派の支持を受けた専制的体制が存在しうるように、多数決原則はそれ自体で民主主義を構成するわけではない。たとえば、人口の五一％が残りの四九％を殺戮しても刑罰を受けない体制を民主主義的と呼ぶことはできない（Kolakowski 1990）。

ポピュリズムとリベラル・デモクラシーの関係について、図表1－3を参照されたい。その図表に示されているとおり、両者の関係は右派（規制撤廃と減税などの政策を柱とする）と左派（福祉国家と再分配などの政策を柱とする）にかかわりなく、法の支配や多元主義などをめぐって対立軸が存在する。

**図表 1-3　ポピュリズムとリベラル・デモクラシーの関係**

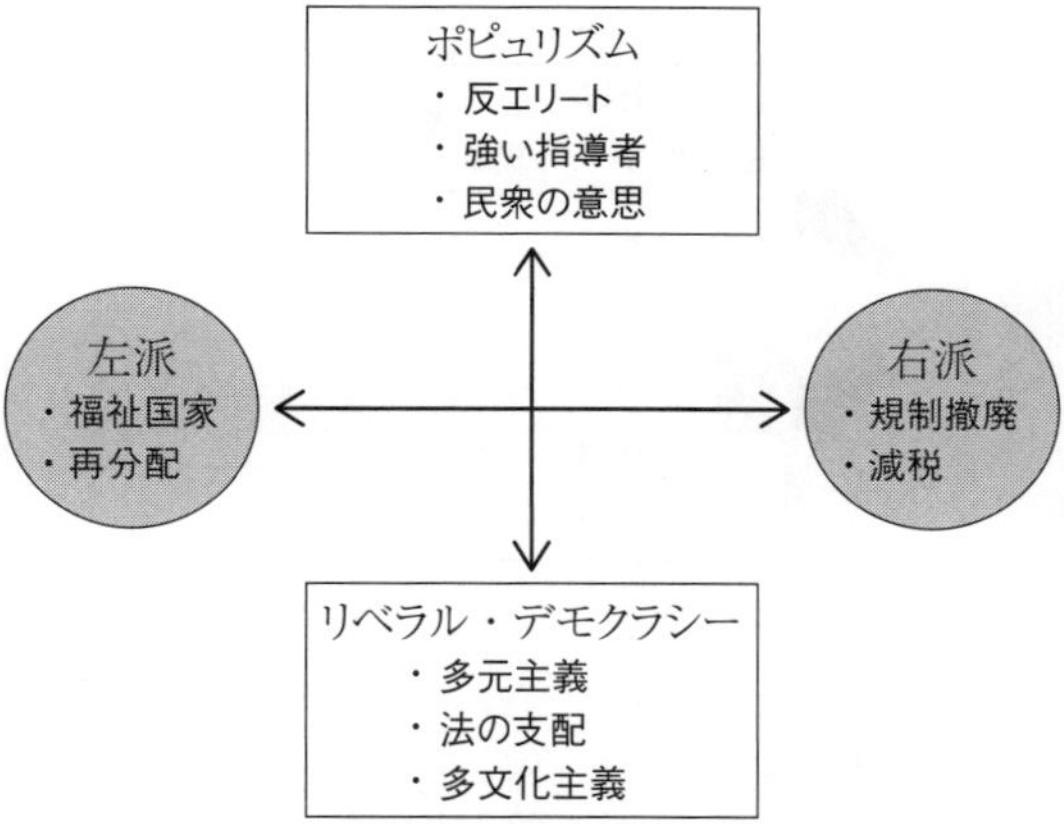


出典：Ronald F. Inglehart & Pippa Norris, "Trump, Brexit and the Rise of Populism: Economic Have-Nots and Cultural Backlash", HKS Faculty Research Working Paper Series, 2016, p. 34 を参考に筆者作成

## †欧州ポピュリズム対リベラルEU

EUは、リベラル・デモクラシー（とくにリベラルの柱）を体現している。EUの主要機関であるコミッション（欧州委員会）、EU司法裁判所、欧州中央銀行は、選挙で選ばれない独立の「非多数派機関」（non-majoritarian institutions）である。これらの機関は、加盟国政府と国内の多数派の行動に制限を課すことがあるため、ポピュリストからは国民の意思の邪魔をしていると見なされている。それゆえEUは、すべてのポピュリスト政党にとって恰好の標的とされる。

図表 1-4　EU と加盟国の政策権限の配分

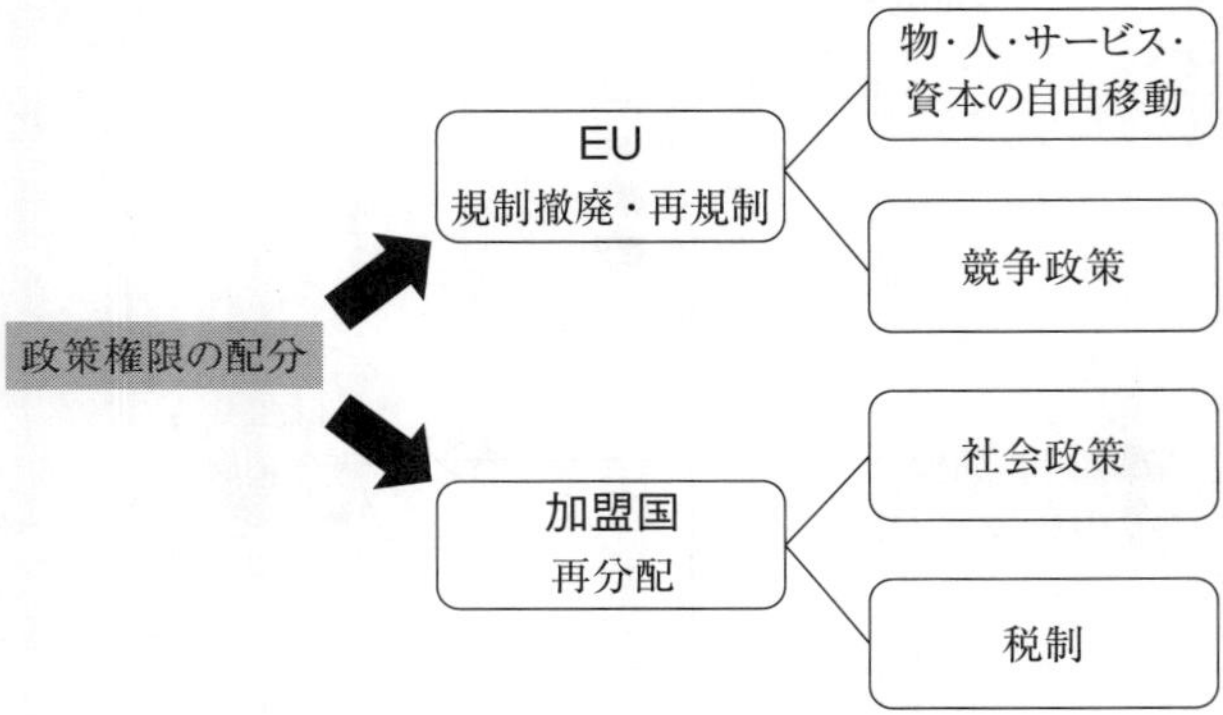


ブリュッセルの指導者と官僚は、選挙で選ばれていない「エリート」という非難を浴びせられる。この主張に対抗してEUができることはほとんどない。

ポピュリストは、自国における影響力と権力を強化するという究極目的のための手段として、欧州統合に反対する。ポピュリストからのEUに対する攻撃には、経済面と政治面がある。経済面において、EUレベルでは自由貿易、開放市場、物・人・サービス・資本の自由移動、競争などの成長と効率性にもっぱら焦点が当てられる一方、再分配的な社会政策と税制を実施する責任と権限は大部分が加盟国に残されている（図表1－4）。ポピュリストはその点を衝いて、「ブリュッセル」を手っ取り早いスケープゴートとし、EUの経済政策が加盟国の社会政策を無視しており、また、社会問題に対処する国民国家の能力を損なっていると非難する。EUは、国内の規制撤廃とEUレベルでの再規制を通じて、対内的に（シェンゲン協定、単一市場、競争政策により）、また対外的に（自由貿易を柱とする通商政策により）、国境と市場を開放し、統合することを目的とする。これに対して、ポピュリストは国境と市場を閉ざすことをめざす。その結果、EUはポピュリストから、グローバル化のもたらす諸問題に対応する存在というよりむしろ、グローバル化の手先と見なされている。

他方、政治面では、EU統合により加盟国が「均質化」され、国民性とナショナル・アイデンティティを損なっているという非難が、ポピュリスト（とくに急進右派）からEUに投げかけられる。EUの政策が高度に技術的な問題を扱うため、EUは普通の人々の生活からかけ離れた、魂のないテクノクラート集団のように描かれる。また、ポピュリストは、EU諸機関に国家の自律性と決定権を譲り渡すことが、有権者から民主的コントロールを奪っていると主張する。それは、国内から見て（民意によって選ばれたことに基づく）「インプット型正当性」が喪失される結果、加盟国の主権と市民の意思が損なわれているという主張に変わり、ポピュリストは「コントロールを取り戻せ」と要求するようになる。さらに、ユーロ危機や難民危機・移民問題では、EUがもっぱら依拠してきた（政策の成果を根拠とする）「アウトプット型正当性」も傷つけられた（Buit & Pichelmann 2017）。EUの正当性の問題については第二章4で詳述する。

## †欧州懐疑主義――ハードとソフト

以上に述べてきた理由から、欧州のポピュリズム政党は欧州懐疑主義（Euroscepticism）の立場に立つ者が少なくない。欧州懐疑主義とは、欧州統合を進めるEUと加盟国政府に異議を唱える政治的立場をいう。欧州懐疑主義派政党はポピュリスト政党である傾向が強いが、ポピュリスト政党が欧州懐疑主義派政党である必然性はない。イギリスの保守党のように、それ自体はポピュリスト政党ではないが、内部に欧州懐疑派の議員を抱える場合もある。

有権者は、単一通貨ユーロ、EUと加盟国の間の権限配分など、欧州懐疑主義派政党にとって重要なEU問題にふつう関心を持たない。しかし、欧州懐疑主義派政党にとって、EU問題はしばしばかれらの政策綱領とアイデンティティの中心部分である。かれらは、ポピュリスト的手段を使うことによって、EU問題という目立たない争点の魅力を高めようとすることができる。逆に、ポピュリスト一般にとって、EU問題は必ずしも重要な争点を意味しない（Kaniok & Havlik 2016）。本書で言う欧州ポピュリズムとは、欧州懐疑主義に立つポピュリズムである。

欧州懐疑主義には、ハードとソフトの二種類がある。ハードな欧州懐疑主義は、「EUのような超国家的機関に権限を譲渡または移転することに基づく欧州統合プロジェクトに対する確信的な反対」を意味し、EUからの離脱を志向する。これに対し、ソフトな欧州懐疑主義は「EUの欧州統合に対する確信的な反対はないが、EUが権限を一層拡張しようとして現在または将来計画される方向性に反対すること」を意味し、EUからの離脱を主張することはない。むしろ、EUの行動を抑制するため、補完性原則（第二章参照）の厳守を要求しつつ、EUにとどまって経済的利益を確保することを追求する（Szczerbiak & Taggart 2016）。

排外主義・ポピュリズムには、ハードな欧州懐疑主義の傾向がある。他方、反リベラル・ポピュリズムには、ソフトな欧州懐疑主義の傾向がある。また、急進右派（または極右）の欧州懐疑主義派政党はハードな傾向が強い一方、急進左派（または極左）の欧州懐疑主義派政党はソフトな傾向が強い。急進左派のソフトな欧州懐疑派政党は、ユーロ危機後

**図表 1-5　欧州ポピュリズムと欧州懐疑主義**

| | 排外主義・ポピュリズム | 反リベラル・ポピュリズム |
|---|---|---|
| 欧州懐疑主義 | ハード | ソフト |
| 政治的主張 | 急進右派 | 急進右派<br>急進左派 |

出典：庄司克宏「Brexit の諸問題・4 ── 英国、欧州ポピュリズムとリベラル EU」『貿易と関税』第 65 巻 7 号、2017 年（3-11 p）、p. 7

にＥＵから金融支援を受けたが緊縮政策を強いられた諸国に多く見られ、ギリシャの政府与党「急進左派連合」（ＳＹＲＩＺＡ）、スペイン左派政党の「ポデモス」（Podemos）などがある。

以上の点について、図表1－5を参照されたい。

## 3　グローバル化と欧州ポピュリズム

### †グローバル化は何をもたらしたか

近年におけるポピュリズムの台頭は、たび重なる貿易の自由化でグローバルな競争に敗れた人々による反乱であるとして、「グローバル化」という言葉とともに語られることが多い。グローバル化とは、「物、サービス、資本、人および情報の国境を越える移動が増大すること」を意味する（Jacoby

& Meunier 2010)。それは、企業や個人に国境を越えて新たな機会を提供し、さまざまな恩恵をもたらしてきた。しかしその一方で、EUを含む先進国経済における中間層世帯の実質所得が経済成長にもかかわらず伸び悩み、テクノロジーの進化や経済危機によって格差が増大して社会に亀裂が生じている。また、移民の流入によって国民の賃金が低下し、失業率が上昇しているのではないかと人々が疑心暗鬼に陥り、地域社会で社会的緊張が高まることも増えている。

こうしたことの結果、ますます多くの人々が、グローバル化によって自分の生活水準や生活様式、また、アイデンティティにとって直接の脅威がもたらされていると感じ、自分や子供たちの将来に明るい展望を持つことができないようになっている。このような負の側面について、貿易や資本移動の自由、移民、企業が業務の一部をコストの安い海外に移転する「オフショアリング」(offshoring)、金融市場と金融産業の肥大化や金融活動に依存した企業の資本蓄積を意味する経済の「金融化」(financialization)などが、グローバル化にともない社会的に規制されないまま起きてしまったことが指摘される。

これに対して、民衆の間では、政府にグローバル化を適正に制御することはもはや期待できないというムードが漂っている。ポピュリズムは、そこを衝いて、グローバル化に無力な政治的および経済的エリートを批判する。グローバル化というプロセスからの経済的・社会的保護を約束することにより、グローバル化の敗者となっている民衆から支持を集めるようになっている。

二〇一六年の世論調査(De Vries & Hoffmann 2016)によれば、フランスの各政党の支持者の中で、グローバル化を脅威であると考える人々の割合は、中道右派の共和党では三九%、中道左派の社会党では四三%であった。これに対し、マリーヌ・ルペン党首が率いる急進右派ポピュリスト政党である国民戦線(FN)の支持者においては七六%を占め、最も高かった。また、ドイツの各政党でも、グローバル化を脅威であると考える人々の割合は、急進右派(極右)ポピュリスト政党の「ドイツのための選択肢」(AfD)の支持者において七八%を占め、最も高かった。中道右派のキリスト教民主・社会同盟(CDU/CSU)では三二%、中道左派の社会民主党(SPD)では三三%である。

### †グローバル化とEU

欧州では、各国政府と並んでEUが地域統合体として存在している。このEUがグローバル化の負の影響から欧州を保護する役目を果たしているのか、あるいは逆に、グローバル化の負の影響が欧州に入り込むのを助長しているのか、という疑問が生じる。

EUは、物・人・サービス・資本の自由移動を意味する単一市場を構築し、また、単一通貨ユーロを導入することにより経済統合を行っている。EUの単一市場は、「完全雇用および社会的進歩を目標とする、高度の競争力を伴う社会的市場経済」（EU条約第三条三項）を理念としている。そのため、経済的効率性と規制撤廃のみをめざすのではなく、経済的弱者の保護など社会面にも配慮している。単一市場を目標としてはじめて定めたローマ条約の署名五〇周年を記念して二〇〇七年三月二五日に発出された「ベルリン宣言」では、単一市場と単一通貨ユーロによって「グローバル経済の相互依存増大と国際市場で激化する一方の競争を、われわれの価値に従って形づくることができる」と表明されている。そこでは、単一市場と単一通貨ユーロがグローバル化に対抗するための手段として位置づけられる。

しかし、二〇〇八年秋のリーマン・ショック（米投資銀行であったリーマン・ブラザーズの経営破綻）を発端とする世界金融危機が欧州を襲い、二〇一〇年にはギリシャをはじめとする一部の加盟国は深刻な債務危機に見舞われたため、厳しい緊縮財政と引き換えにEUからの財政支援を受けることになった。さらに、二〇一五年には欧州難民危機が発生し、シリアなどからの難民が一〇〇万人規模でEU域内に押し寄せ、EU各国に衝撃を与えたのである。このようにして、深刻な金融危機や大量の難民流入という形で、EUはグローバル化の負の影響に直面することとなった。その結果、前掲ベルリン宣言で表明された自信と楽観論とは対照的に、ローマ条約六〇周年を記念して二〇一七年三月二五日に発表された「ローマ宣言」では、次のように述べられている。

「欧州連合は、グローバルにも域内でも、地域紛争、テロリズム、移民圧力の増大、保護主義、ならびに、社会的および経済的不平等という、前例のない課題に直面している。……今後一〇年間で、安全で安心、繁栄し、競争力があり、持続可能で、社会的責任を有するとともに、世界で重要な役割を果たし、かつグローバル化を形作る意思と能力を持つ連合を、われわれは欲する。」

ここでは、グローバル化の負の影響に由来する深刻な諸問題を克服するため、EU自らがグローバル化を形づくることが期待されている。その一環としてEUは、グローバル化を「管理」することにより、その負の影響から欧州市民を守ろうとしてきた。

### †グローバル化の「管理」

ＥＵの政策立案を担う機関としてコミッションは、二〇一七年五月「グローバル化の活用に関するリフレクション・ペーパー」を公表し、ＥＵがグローバル化に対応するため、対外的および対内的にどのように行動するかを明らかにしている。まず、対外的側面では、ＥＵが主導して、「高い基準に基づく公正な国際的ルールに依拠した秩序」を構築するため、さまざまな利害、文化および発展段階を有する多くの国々との間で協力することをめざしている。その目標は、グローバル化の手段である市場開放とテクノロジーの進化を、グローバル化の目的である人間の福利増大などと調和させることであるとされている。他方、対内的側面では、グローバル化に対応するための不可欠な行動として強固な社会政策を通じてＥＵと加盟国が協力して市民を保護し、強化することをめざしている。

こうした目標は、ＥＵがグローバル化を「管理」しようとしていることの反映である。グローバル化の「管理」とは、「物とサービス、資本、および労働力の国際的な移動に関するルールの自由化が、市場参加者および政府を拘束する公式の手続きと整合するよう、公的または私的アクターが確保しようとすること」を意味する概念である（Jacoby & Meunier 2010）。かつてコミッション貿易担当委員や世界貿易機関（ＷＴＯ）事務局長を務めたパスカル・ラミー（Pascal Lamy）氏は、グローバル化の「管理」について、次のように語ったことがある。

「われわれは、グローバル化の歴史的段階、すなわち、好むと好まざるとにかかわらず、市場資本主義の段階にある。……それはグローバルな現象であるため、われわれにはグローバルなルールが必要である。これは政治的な表明であり、社会民主的なイデオロギーに基づいている。しかし、これは市場資本主義の枠内で生じている。それは欠点があるとはいえ、プラグマチックな観点から唯一機能すると思われるシステムである。」（Abdelal & Meunier 2010）

ＥＵがグローバル化を「管理」する手段として、たとえばＥＵの政策範囲を拡張することがある。ＥＵ加盟国は、グローバル化の圧力に抗するため、共通政策を発展させ、実行するためにＥＵを活用する。例として単一通貨ユーロの導入には、加盟国を為替変動の圧力から保護するという側面があった。また、政策範囲の拡張により獲得した権限を利用して、ＥＵ規制の影響力を対外的に行使することにより、グローバル・ガバナンスの在り方を左右することがある。例としては、人間の尊厳を理念とする個人データ保護法がある。ＥＵから個人データの転送を可能とするため、アメリカはＥＵとの間に「プライバシー・シールド」というＥＵ市民の個人データ保護に関する法的枠組みに合意せざるをえなかっ

**図表1-6　EUによるグローバル化の「管理」と欧州ポピュリズム**

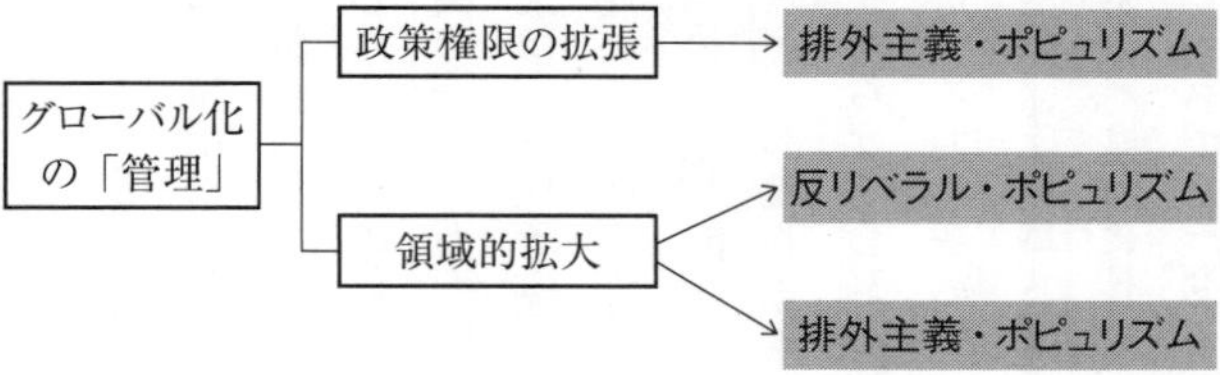


た。また、日本はEUから「十分な水準の保護」の認定を受けるため、「個人情報保護法」の改正を迫られた。

さらに、EUのグローバル化の「管理」の他の手段として、EUの領域的拡大がある。EUは加盟国の数を増やすことにより、国際機構や国際会議での交渉能力や影響力を向上させ、グローバル化に抗する能力を増大しようとする。EUに加盟する国は、加盟条件としての「コペンハーゲン基準」（人権、民主主義、法の支配、少数者の保護）や、「アキ・コミュノテール」と呼ばれる既存EU法体系を受容することにより、既存加盟国とともにグローバル化の「管理」に加わるのである。

## グローバル化の「管理」と欧州ポピュリズム

しかし、EUがグローバル化を「管理」してその負の影響から市民を守ろうとするプロセスにおいて、EUを攻撃する欧州懐疑派のポピュリズムに対する市民の支持が増大するという現象が生じた。それは三つの経路で現れる（図表1－6）。

第一に、EU自体をグローバル化の手先と見なし、国境管理・難民などの分野でEUの政策や権限に反対する「排外主義・ポピュリズム」が有権者の支持を集めるようになる。この例として、二〇一五年にシリアから難民（正確には難民申請希望者）がEU内に大量に流入した欧州難民危機をあげることができる。その年のEU域内への流入者数はこれまでで最高の一三二万五〇〇〇人にのぼったと言われる。難民の大量流入に直面したEU各国の国民は、移民・難民が自分たちの国を乗っ取り、自分たちの生活様式を危険にさらすのではないかという恐怖に陥った。

その結果、欧州の人々は、これをEUの「コスモポリタン的志向のリベラルなエリート」と「部族的（tribal）志向の難民」との共謀によるものでないかと疑った（Krastev 2017）。なぜならば、EUと加盟国のリベラルなエリートたちが移民問題について真剣に検討し、対処する力もその気もないのに、難民の受け容れがウィン・ウィンの結果をもたらす（たとえば、少子高齢化する欧州で労働力不足を補う）と言い張ることに偽善を感じ、失望したからである。これに伴い、急進右派ポピュリスト政党の「反動」的政策が有権者の支持を集め、フランスではマリーヌ・ルペン率いる国民戦線（FN）、ドイツでは「ドイツのための選択肢」（AfD）、また、オランダではウィルダース党首の自由党（PVV）などが、自国政府やEUのリベラルな政策を批判して移民・難民の排斥を唱え、国内のエスタブリッシュメントやEUの官僚を攻撃した。

第二に、EUの領域的拡大に伴い、コペンハーゲン基準やアキ・コミュノテールに反発して、国内で反リベラル的な政策を行う「反リベラル・ポピュリズム」の政党が政権に就くようなことが起こる。たとえば、ハンガリーやポーランドの国民は加盟のためにEU官僚から「選択の余地のない民主政治」を押しつけられたと感じ、ポピュリズムへと流れたと説明される。すなわち、コペンハーゲン基準とアキ・コミュノテールを受け容れてEU加盟を果たした瞬間から、それ以上改革を行うことや、リベラル・デモクラシーの規範を遵守するインセンティブはほとんど働かなくなる。その結果、ハンガリーやポーランドでは反リベラル・ポピュリズムが姿を現すようになり、EUとリベラル・デモクラシーを攻撃するようになったのである（Rupnik 2007）。

第三に、同じくEUの領域的拡大の結果、人の自由移動の原則と経済格差により、他の加盟国からの域内移民が一つの加盟国に大量に流入する。これにより、排外主義・ポピュリズムが移民の流入を制限することを主張するようになる。その例として、二〇一六年六月二五日イギリスの国民投票によるＥＵ離脱（Brexit）の主な理由が、ポーランド人などＥＵ域内からの移民の大量流入であったとされている。

ＥＵはグローバル化の負の影響から欧州を保護するため、グローバル化の「管理」に乗り出したが、必ずしもそれに成功しているとは言えない。むしろ、グローバル化の「管理」のプロセスにおいて、欧州懐疑派のポピュリズムがＥＵを批判して市民の支持を獲得するという事態を招いた。ＥＵはグローバル化を「管理」するというよりも、その手先と見なされたり、国内問題に干渉するとして反発を受けたり、あるいは、人の自由移動という基本原則が嫌われたりするという結果を招き、反ＥＵのポピュリスト政党に利用されている。

第二章

# EUとはどのような存在なのか

自由党(FPÖ)、シュトラッヘ党首(オーストリア副首相)
(Christian Jansky, CC-BY-SA-3.0)

「ガラパゴス化」という用語がある。ガラパゴスとは、南米エクアドルの海岸からおよそ一〇〇〇キロ離れた赤道直下にあるコロン諸島の別名である。大陸から遠く離れているため外敵が侵入せず、そこでは島の固有種が存続している。ここから「ガラパゴス化」とは、ある存在が外部世界から隔離された状況で独自の発展を遂げ、その結果、世界の趨勢から乖離していく状況を指すようになった。これは、外敵との生存競争にさらされないため脆弱であるということを含意する。元々は、技術的に傑出していた日本の携帯電話の独自の先進技術が、世界のデファクトスタンダード技術とはほぼ無縁の状態となり、逆に世界市場における競争力が失われた状況を指して使われていた。

ＥＵは、国際連合や世界貿易機関（ＷＴＯ）のような通常の国際機構とは異なる存在である。統治機構の特徴から「スプラナショナル」（超国家的 supranational）と形容されることがあり、欧州にしか存在しない。また、市場統合に着目して、ＥＵとは「トランスナショナル」（国境横断的 transnational）な統治空間であると位置づけられることもある。ソフィア（ブルガリア）にあるリベラル戦略センターで理事長を務める政治理論家イワン・クラステフ（Ivan Krastev）氏は、その著書『アフター・ヨーロッパ』の中で、「ガラパゴス化」という用語をＥＵに当てはめて、「欧州のポストモダンな秩序が非常に先進的で、「欧州という」環境に特有であるため、他者が追随することが不可能なのかもしれない」と評している（Krastev 2017）。本章では、EUという存在がどのような性格を帯びているのかを明らかにすることで、なぜポピュリスト政党から攻撃されるのかについて、より詳細に述べることとする。

## 1 「主権の共有」とEUの自律性

### †「主権の共有」と相互干渉

EU加盟国は、欧州統合というプロセスの下で「主権の共有」を行っていると説明されることがある。イギリスの著名なEU政治学者であるウィリアム・ウォラス（William Wallace）教授は、「主権の共有――欧州のパラドクス」という論文の中で次のように述べている。

「主権は、第二次世界大戦後の時代に欧州合衆国を熱望した人々が期待したように国家類似の連邦に移譲されたわけではない。しかし、主権はますます共有されるようになっている。各国政府間でプールされ、何百もの多国間委員会を通じて何千人もの各国官僚により交渉され、お互いの国内問題に相互干渉するという原則に基づき作用する規制および裁判所判決を受け容れることにより妥協がなされている。各国政府の中核的な責任事項の多くにおいて、欧州諸国は隣国の黙認と諒承がなければ、ほとんど何もできない。それは本来的にまとまりのない非効率なシステムであり、政府は自ら選挙民に対して便益すなわち安全、繁栄、経済的・社会的なやりとりの規制を提供できるという幻想を維持することに基づいている。実際にはそれらの便益は他国との共通行動によってはじめて獲得できるものである。その意味で、冷戦後における欧州政治システムはポストモダンである。」(Wallace 1999)

このように、欧州の主権国家は、相互干渉(相互依存)の下で共通行動を行うことにより、単独で行動するならば得られない利益を享受するという形で、「主権の共有」を行っているのである。これは結局のところ、主権国家間のコンセンサスを基礎に置き、その中で大国は横暴な振る舞いをしないこと、中小国は駄々をこねないことが前提とされる非常にデリケートなシステムである。

### †EUの自律性と脆弱性

以上のような「主権の共有」の中で、EU自体はどのような秩序を形成しているのか。EU司法裁判所の見解では、それは「EU法の自律性」という表現で示されている。EUという秩序は、国家主権の制限に基づいている。そのため、対内的にはEUの法令が加盟国の憲法を含むすべての法令に優越する。また、対外的にはEUが締結した国際協定の監督機関が、EU法を勝手に解釈してEUを拘束するようなことは許されない。すなわち、EUは国家ではないため、EUが独自の存在であることを表現するために「自律性」という言葉が使われているが、これがEUにとって「主権」のような意味（「主権の共有」をしているので「主権」とは言えない）を帯びている（図表2－1）。

図表2-1　EU法の自律性

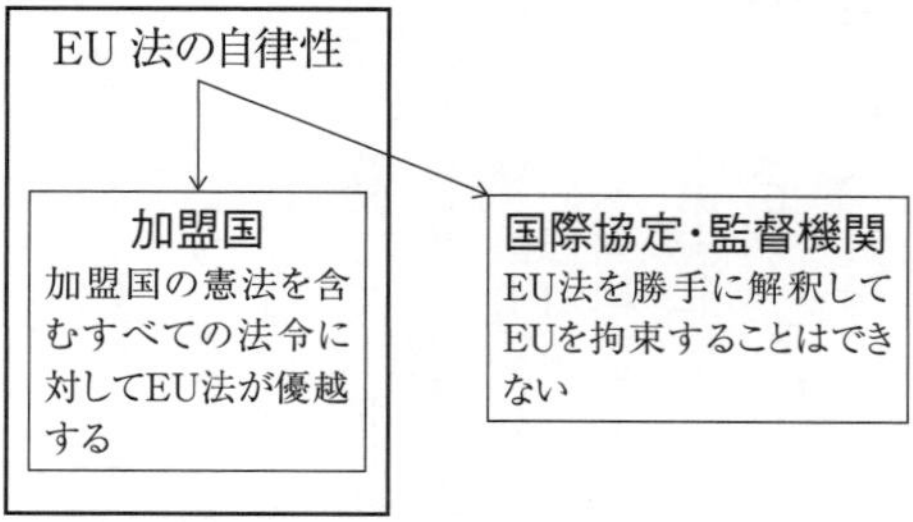
EU法の自律性
加盟国
加盟国の憲法を含むすべての法令に対してEU法が優越する
国際協定・監督機関
EU法を勝手に解釈してEUを拘束することはできない

このように、EUという秩序が主権国家を超えた存在で

あるため、ポストモダンであり、先進的である結果、他に類例のない「ガラパゴスEU」となっている。EUは「政府の経済的権力を制限し、かつ国家権力を引き継ぐことなく国際秩序を保障する国際的権限を持った諸国家の連合体」(Maduro 1997) と呼ばれることもある。しかし、「ガラパゴス」であるゆえに脆弱である。EU司法裁判所の判事たちは、その点を認識して、「EU法の自律性」という形で「防御壁」を築いているのかもしれない。しかし、ガラパゴスEUは、主権国家のような歴史と正当性に欠け、域外からの脅威だけでなく、域内のポピュリズムに対しても脆弱であるため、もし国民戦線(FN)のマリーヌ・ルペン氏がフランス大統領に就任することや、「ドイツのための選択肢」(AfD)がドイツで第一党になることが実際に起こるならば、国家としてのフランスやドイツは存続するとしても、EUという存在は生き残れないかもしれない。これがガラパゴスEUの現実であり、難民の大量流入などの外部からの脅威、また、それをめぐって内部の欧州ポピュリズムから受ける攻撃に対して、EUは本来的に脆弱な傾向がある。

## 2　単一市場と派生的政策

### †EUの存在意義としての単一市場

ＥＵの核心的な存在意義は、物・人・サービス・資本の自由移動を意味する単一市場（正式名称は「域内市場」であり、「共同市場」と呼ばれることもある）の構築とその発展にある。二〇一六年のＥＵ世論調査（ユーロバロメーター European Parliament 2016）によれば、「ＥＵについて最も肯定的にとらえている成果は何か」という問いに対し、「ＥＵ内における人、物およびサービスの自由移動」が、欧州統合の根本的意義とされる「ＥＵ加盟国間の平和」と並んで五六％を占め、ＥＵの成果として最も高く評価されている。このように単一市場こそがＥＵの安定と繁栄の基盤となり、他の欧州諸国を引き寄せるものとなっている。加盟国が課税と公共支出に基づいて再分配政策を行う「福祉国家」であるのに対し、ＥＵは単一市場と市場規制政策が中核を占めることから「規制国家」的であると形容される。

単一市場は、競争法（わが国の独占禁止法に当たる）、共通農業政策、共通運輸政策、社会政策などの関連分野と切り離して存在することはできないため、それらの分野も当初よりEUの政策として含まれ、徐々に強化された。

## †単一市場の派生的政策

単一市場の完成により、そこから新たに三つの政策分野が派生し、発展した。第一に、とくに物の自由移動の対外的側面である共通通商政策（EUが締結する自由貿易協定FTAもこれに含まれる）をはじめとする対外政策の範囲が徐々に拡張され、強化された。また、それを政治・外交的に補完するものとして、共通外交・安全保障政策（CFSP）も導入された。

第二に人の自由移動において、域外国からEU域内に入ろうとする第三国国民に対する共通政策は当初予定されていなかった。しかしその後、EUの枠外で一九八五年にシェンゲン条約、一九九〇年にシェンゲン実施協定が締結されたことにより、第三国国民を含む「人の自由移動」（域内国境管理の撤廃）が一部の加盟国の間で実現された。一九九五年に発効したこれら二つの条約を総称して「シェンゲン協定」と呼ぶ。また、それとともにマーストリヒト条約（一九九二年署名、九三年発効）が結ばれ、政府間協力に基づく司法・内務協力が導入された。次いで、アムステルダム条約（一九九七年署名、九九年発効）により、司法・内務協力のうち「人の自由移動」政策はEUが管理する超国家的協力に基づくこととなった。これには、国境管理（域内国境管理の廃止、域外国境管理の強化）、難民庇護、移民に関する共通政策が含まれ、ポピュリスト政党がとくにEUを非難、攻撃する政策分野となっている。

その後、司法・内務協力のその他の事項は、政府間協力が維持されつつも、「警察・刑事司法協力」として発展的に引き継がれた。さらに、シェンゲン協定およびそれに基づく成果は「シェンゲン・アキ」（the Schengen *acquis*）としてEUの枠内に編入された。現行のEU基本条約を形成するリスボン条約（二〇〇七年署名、〇九年発効）により、今では両分野とも「自由・安全・司法領域」として超国家的な協力が行われている。

第三に、「一つの市場に一つの通貨」という論理の下、一九九九年に「経済通貨同盟」（EMU）として単一通貨ユーロが導入され、欧州中央銀行（ECB）による単一の金融政策が行われている（二〇〇二年にはユーロ紙幣・硬貨の流通が開始された）。二〇〇八年秋のリーマン・ショックが直接の引き金となって発生した世界金融危機は、欧州債務危機をもたら

3　EUの権限と予算

図表 2-2　単一市場と派生的政策

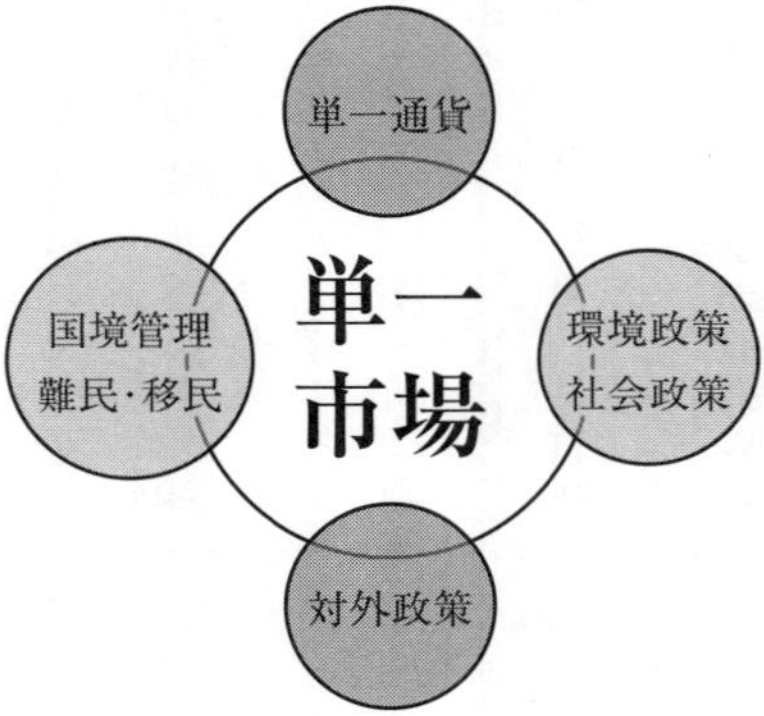


した。これに対応するため、EUレベルにおける経済・財政政策の協力強化が行われるとともに、ECBを中心とする単一監督機構、および、単一破綻処理機構を柱とする銀行同盟が導入されている。

以上のように、EUは単一市場を当初の目的として設立され、市場統合の完成後はそれを基盤としてEUの政策範囲が拡張され、強化されてきた（図表2－2）。現在ではEUの政策領域は、権限の強弱を伴いつつも広範に及んでいる。

図表 2-3　EUの権限行使の基準

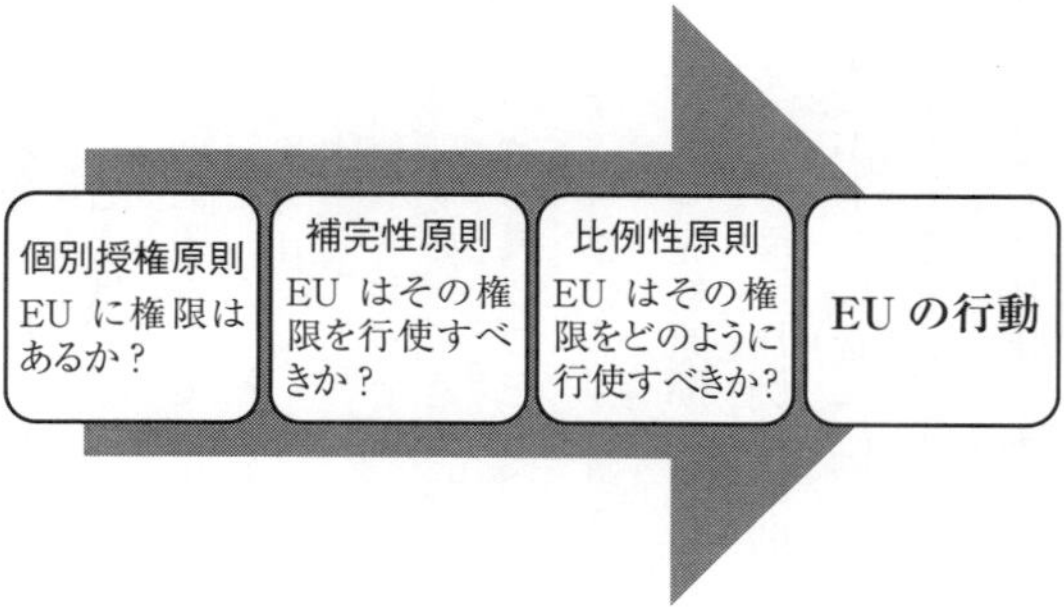


## †ＥＵ権限の強度と政策分野

ＥＵは「個別授権原則」により、ＥＵ基本条約で個別に付与された権限の範囲内で行動することが義務づけられる。基本条約によりＥＵに付与されていない権限は加盟国にとどまる。そのため、「国家の本質的任務、とくに国家の領土を保全し、公の秩序を維持し、および国家安全保障を確保するという任務」は、加盟国に限定される権限である（ＥＵ条約第四条）。ＥＵに権限がある場合でも、すぐに自由に行使してよいわけではなく、「補完性原則」と「比例性原則」という縛りがある（図表２－３）。

補完性原則とは、ＥＵに権限が存在しても、実際にそれを行使すべきかどうかを「行動の規模または効果」（ＥＵ条約第五条三項）を基準として決めるというものである。その基準に照らしてＥＵが権限を行使すべきでないとされた場合は、EUレベルではなく、加盟国政府や地方自治体のレベルで行動することになる。たとえば、環境政策は国境を越えた問題に対処するため、EUレベルでの行動が補完性原則に照らして正当化されやすい分野である。EUが補完性原則を遵守しているかどうかを、EU諸機関の一つであるコミッション（欧州委員会）の立法提案（図表2-6参照）の段階でチェックするため、各国議会がその原則に照らして精査する手続きが導入されている。その手続きでは、各国議会がコミッションに対してそれぞれ二票を有し、異議申立票が全体票数の三分の一以上になると、コミッションは立法提案の見直しをしなければならない（図表5-5参照）。

さらに、補完性原則でEUの行動が正当化されても、EUの権限をどのように行使すべきか、という面で比例性原則という縛りがかかる。それは、同一の目的を達成するのに複数の手段がある場合には、影響を受ける関係者の負担が最も少ないものを選択すべきであるという基準である。

また、EUに権限があるとしても、それには強弱がある（図表2-4）。第一に「排他的権限」の分野では、EUのみが立法を行うことができる。そのため、この分野では補完性原則は適用されない。この類型に含まれるものとして、単一市場が機能するために必要な

図表 2-4　EU の権限類型と政策分野

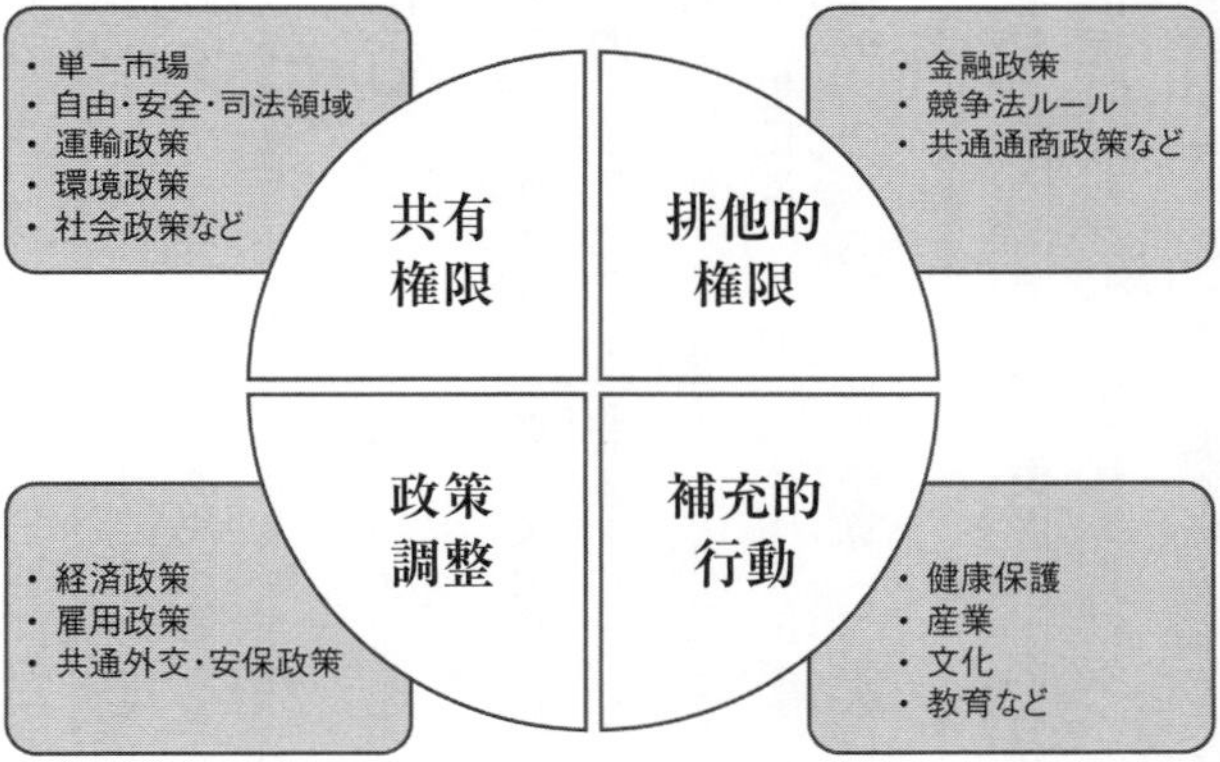


競争法ルールの制定、ユーロ圏の金融政策、共通通商政策などがある。

　第二に「共有権限」の分野では、EUも加盟国も共に、立法を行うことができる。この類型に含まれるのは、単一市場、一定の社会政策、環境、運輸、自由・安全・司法領域などである。これらの共有権限分野では、共有と言いながらも、EUが権限を行使した限度で加盟国は自己の権限を行使できなくなる。先述した補完性原則が最も効果を発揮するのは、この分野である。

　第三に「支援・調整・補充的行動」（補充的行動）の権限である。これは、EUが加盟国の行動を支援し、調整し、または、補充するための行動を行う権限である。これに含まれるのは、人間の健康の保護、産業、文化、教育などの分野である。この分野では、EUは各国法の調和（共通化）を行うことができない。

第四に、EUレベルで加盟国が政策調整することにとどまる場合である。それに当たる分野として、経済政策や雇用政策がある。また、EUでは加盟国が協力して、共通外交・安全保障政策（CFSP）が策定され、実施される。

### †EU予算

EUの年次予算は「多年度財政枠組み」（MFF）に従って組まれる。現行のMFFは二〇一四〜二〇二〇年を対象としている。EUの二〇一六年度予算は約二〇兆円（一五五〇億四〇〇〇万ユーロ）であり、日本の二〇一六年度予算（約九七兆円）の二割程度である。EU予算の規模は、加盟二八カ国の国家予算を合計した金額の約五〇分の一にとどまる。なお、国連の二〇一六年度通常予算（平和維持活動などの経費は含まれない）は約二七五〇億円（二五億ドル）にすぎない。

EUの歳入をまかなう財源は「固有財源」と呼ばれる。固有財源には三種類ある。第一に伝統的固有財源と呼ばれるもので、主として関税および砂糖課徴金である（二〇一四年度予算歳入の一二％）。第二に付加価値税（VAT）に基づくものである（同一三・二％）。第三に各加盟国の国民総所得（GNI）に基づくもので（同七三・二％）、固有財源の約四分の三を占めている。

EUの歳出における二大項目は、農家への所得保障を含む農業関連予算（二〇一四年度予算歳出の三九・八％）と、豊かな国・地域から貧しい国・地域への再分配のための「構造基金」と呼ばれる地域振興予算（同三八・一％）である。

加盟国ごとにEU予算への拠出額と受取額があり、その差引額を国民一人当たりで示したものが図表2－5である。それによれば、オランダ（国民一人当たり二七四ユーロ拠出）、スウェーデン（二三八ユーロ）、ドイツ（一八七ユーロ）などの西欧諸国が純拠出国である一方、二〇〇四年以降に加盟した中東欧諸国などが純受取国となっている。とくにハンガリー（国民一人当たり五八九ユーロ受取）やポーランド（三七六ユーロ）など、ポピュリスト政党が政権に就いている加盟国の純受取額が大きいことがわかる。

図表 2-5　2014 年度 EU 予算における純拠出国と純受取国
（国民一人当たり、単位ユーロ）

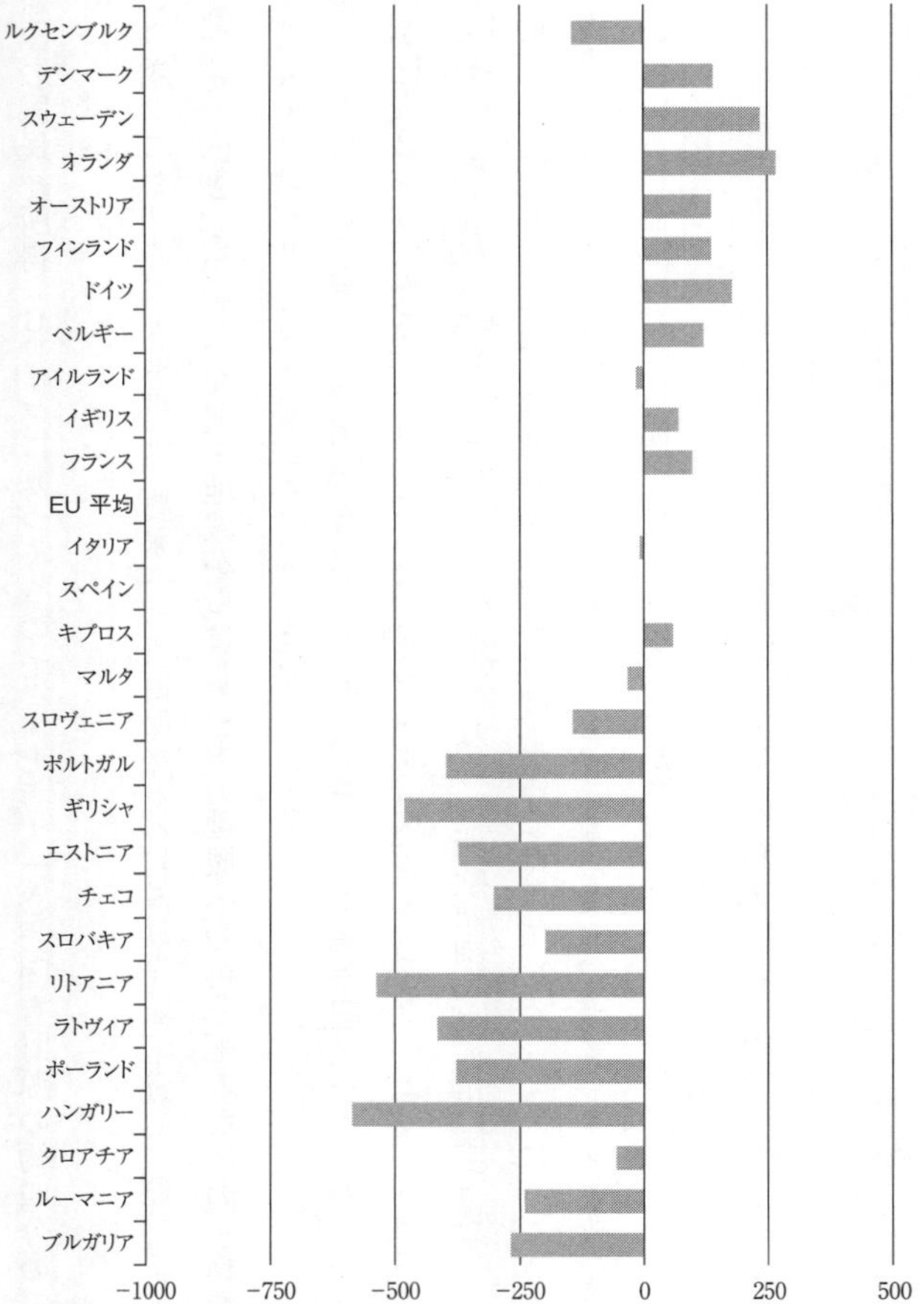


出典：James Browne, Paul Johnson & David Phillips, *The budget of the European Union: a guide*, The Institute for Fiscal Studies, 2016

## 4　EUの運営と正当性

### †EUの運営——超コンセンサス追求型

EUの運営には、欧州理事会（EU首脳会議）や閣僚理事会（正式名称は「理事会」である）の場で行われる主権国家間の調整という政府間主義的側面、および、個別の国益を超えて「EU益」を追求する独立の機関に委ねられるという超国家主義的側面が併存している。EUは国家から自立した法制度を持ち、EUのルールは国家の法令に優先する。

EUの主要な独立機関として存在するのは、コミッション（欧州委員会）、EU司法裁判所、欧州中央銀行（ECB）である。コミッションは、立法・政策の提案権を独占するとともに、EUレベルの政策執行を担当する。EUのルールに関わる紛争を最終的に解決するのは、EU司法裁判所の役割である。ECBは独立してユーロ圏の金融政策を決定する。これらに加えて、直接選挙された議員で構成される欧州議会がEUの民主的コントロール

図表 2-6　EU の機構と運営

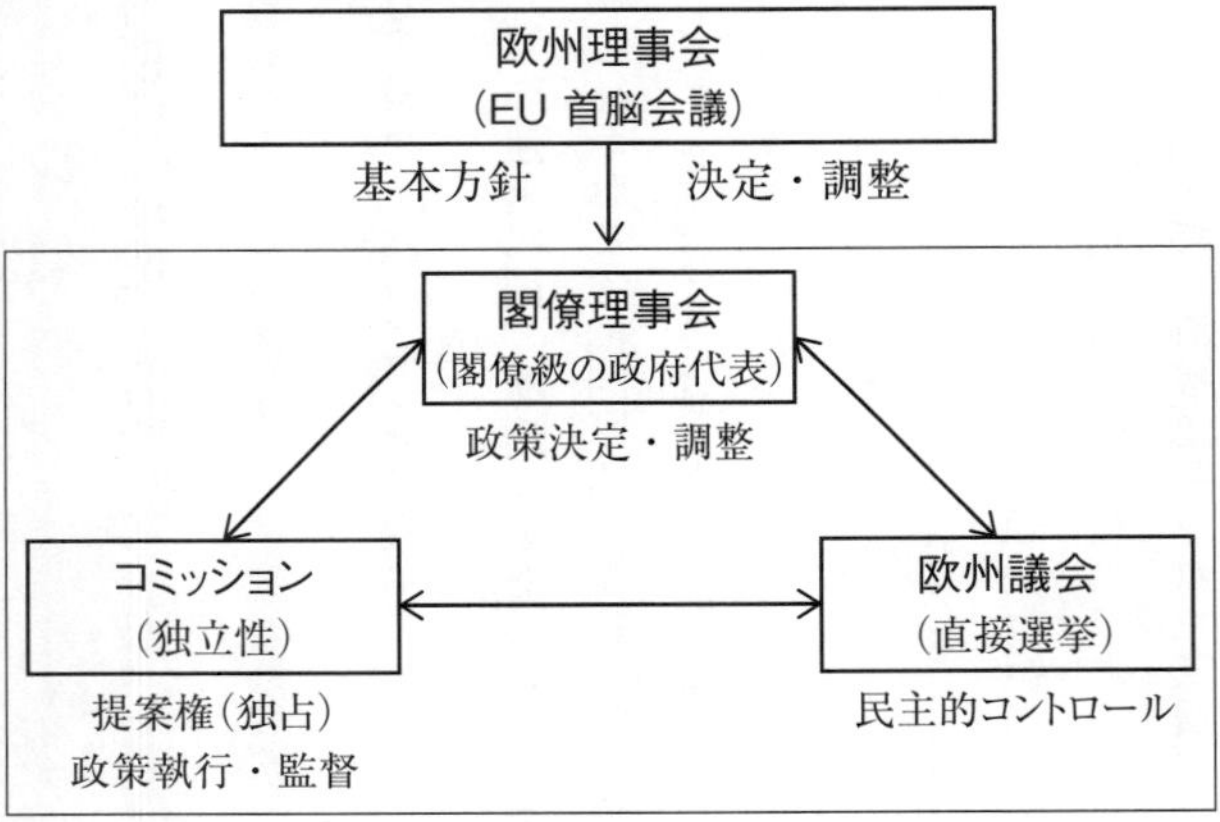


のために存在する。

欧州理事会はＥＵの基本的政治方針を、全加盟国首脳が同意するコンセンサス（投票にかけないで、議論を尽くして議長がとりまとめること）により決定する。それに基づいて、コミッション、閣僚理事会および欧州議会が個別の立法・政策を決定する。（図表２‐６）。ＥＵの法令は原則として、コミッションが法案を作成して提案し、閣僚理事会と欧州議会が双方とも法案に賛成すれば可決成立する。ＥＵの立法手続を、それに参加する機関に着目して特徴を挙げると、次のようになる。

第一に、コミッションは一カ国一人の委員で構成され、「ＥＵ益」のために独立して行動する義務を負う。法案作成の段階で国益が混入することを防ぎ、EU全体の利益を考慮するため、立法提案権を独占する。コミッションン内部の決定はすべての構成員の単純多数決によることが原則であるが、実際には全員のコンセンサスで決定されていると言われる。

コミッションが立法提案権を独占することは、以下の四点を意味する。(イ) 欧州議会を含む他のEU諸機関は、コミッションから事前の提案がなければ立法を行うことができない。EUが行動すべきか、行動すべきであるならばいかなる法形式をとるべきか、また、どのような内容でいかなる実施手続を定めるべきかを決定するのは、コミッションの責任である。また、(ロ) 閣僚理事会がコミッションの提案を全会一致でなければ修正できないのに対し、コミッションは、閣僚理事会で議論されている間、いつでも提案の修正を行うことができる。さらに、(ハ) 閣僚理事会がコミッションの法案と異なる措置の採択を全会一致で行おうとする場合、コミッションは自己の法案を撤回することにより、閣僚理事会に決定させないようにすることができる。最後に、(ニ) 閣僚理事会、欧州議会および加盟国ともに、コミッションに法案を提出するよう強制することは、原則として不可能である。

第二に、閣僚理事会には各国大臣が出席し、各国の民意を間接に代表する。また、欧州議会は選挙で選ばれるため各国国民を直接代表している。その点をEU基本条約は次のように述べている。

「市民は欧州議会においてEUレベルで直接に代表される。加盟国は欧州理事会［EU首脳会議］において国家または政府首脳により、および［閣僚］理事会において自国政府により代表され、自らは国内議会または自国市民に民主的説明責任を負う。」（EU条約第一〇条二項）

EUの立法プロセスでは、各国の担当大臣が出席する閣僚理事会が各国の国益を背景に法案を審議し、コンセンサスを追求しながらも、国票と人口票の二重多数決という形をとる「特定多数決」（加盟国数の五五％［一五カ国］以上＋EU人口の六五％以上）により決定を行う（税制や警察・刑事司法協力など、センシティヴな事項では全会一致の決定による）。しかし実際には、投票を行わないで議長がとりまとめるコンセンサスという形で決定を行うことが慣例となっている。

第三に、これと併行して、各国で直接選挙された議員で構成される欧州議会がトランスナショナルな政党グループに分かれて法案を審議し、多数決で採否を決める。欧州議会は原則として総投票数の過半数で議決を行う（定足数は議員総数七五一人の三分の一である）。

## †インプット型正当性と「民主主義の赤字」

「インプット型正当性」とは、所与の政治システムが市民の民意にどの程度応えているかということに基づく正当性である。他方、「アウトプット型正当性」とは、所与の政治システムが市民の望む政策結果をどの程度実効的に達成しているかにより測定される正当性である（Dustmann *et al* 2017）。

ＥＵをインプット型正当性から判断する場合、ＥＵは民意を十分に反映していないという意味で「民主主義の赤字」という批判が加えられる。ＥＵの民主主義に対する満足度に関する世論調査（ユーロバロメーター European Parliament 2017）で、「まったく満足している」が四三％であるのに対し、「まったく満足していない」が四七％にのぼっている。「民主主義の赤字」は、ポピュリスト政党がＥＵを批判する際に最もよく使われる攻撃材料となっている。

ＥＵの立法プロセスに関わる三つのＥＵ機関を見るならば、第一にＥＵの立法提案権を独占するコミッションは、選挙を経ないで任命される非多数派機関であり、任命後は独立の機関として行動する。

第二に直接選挙される欧州議会については、民主的（インプット型）正当性があるように思われるが、民族的・文化的に同質のデモス（国民）のないところに民主主義は成立しないという「デモス不在論」から批判を受ける。ドイツ国民やフランス国民は存在しても、EUレベルのデモス（欧州民）が存在しない現状では、真の意味でEU規模の選挙民および政党が存在しない。したがって、欧州議会の意思が必ずしもEU市民の意思を反映しているとは言えないと指摘される。すなわち、この立場によれば、多数の加盟国で構成されるEUには、単一の同質的なデモスが存在しないため、教育や社会化を通じてやがて同質的な「欧州デモス」が形成されるまで、欧州レベルで民主主義は成立しないということになる。二〇〇四年〜二〇一六年にわたる世論調査の結果（ユーロバロメーター European Parliament 2016）を見るならば、欧州議会を信頼しているかどうかという質問に対し、肯定の回答が二〇〇四年秋の五七％をピークに減少傾向にあり、二〇一六年春には四〇％にとどまっている。

第三に閣僚理事会はどうか。これは、各国民主主義を体現する加盟国の閣僚で構成される。そこにおいて、各国政府の閣僚は、政策議案ごとに利益とコストの配分が自国の有権者にとって受け容れ可能かどうかを常に念頭に置きながら交渉を行う。EUの加盟国ごとに有権者が望む政策の選好はまちまちであり、欧州規模での政策選好を形成・促進する制度が存在しない。閣僚理事会はEUの立法プロセスで最も影響力を持つが、その決定はすべてのEU市民に影響を及ぼすにもかかわらず、特定多数決の人口票では各国人口に顕著な差があるため、その場において各国市民の権利は平等に与えられていない（Collignon 2004）。人口票は、文字通り、加盟国の人口が多いほど票決力が大きいことを意味する。二〇一七年一月一日時点においてEU内で最多の人口を擁するドイツは八二八〇万人であるのに対し、最少人口のマルタは四四万人である。そこには、二〇倍近い格差がある。

### †アウトプット型正当性とEUの揺らぎ

他方、アウトプット型正当性こそが、EUを設立当初より支えるものである。それは、EUの中核的事業である単一市場を一見すればわかることである。しかし、すでに見たとおり、EUが引き受けている政策分野は広範囲に及んでおり、とくにユーロ危機や欧州難民危機に直面して、EUのアウトプット型正当性が揺らいでいる。EUの対応が十分かどうかを政策分野別に調べた前掲世論調査（European Parliament 2017）において、回答者の五〇％以上が「不十分である」とした政策分野は、失業対策（六三％）、脱税対策（六〇％）、

## 図表 2-7　EU の行動に対する満足度に関する政策分野別の世論調査（2017 年）

以下の各項目について、EU の現在の行動は、「過剰」「十分／ほぼ適正」あるいは「不十分」のどれに当たると思いますか？（数字は％を示す）

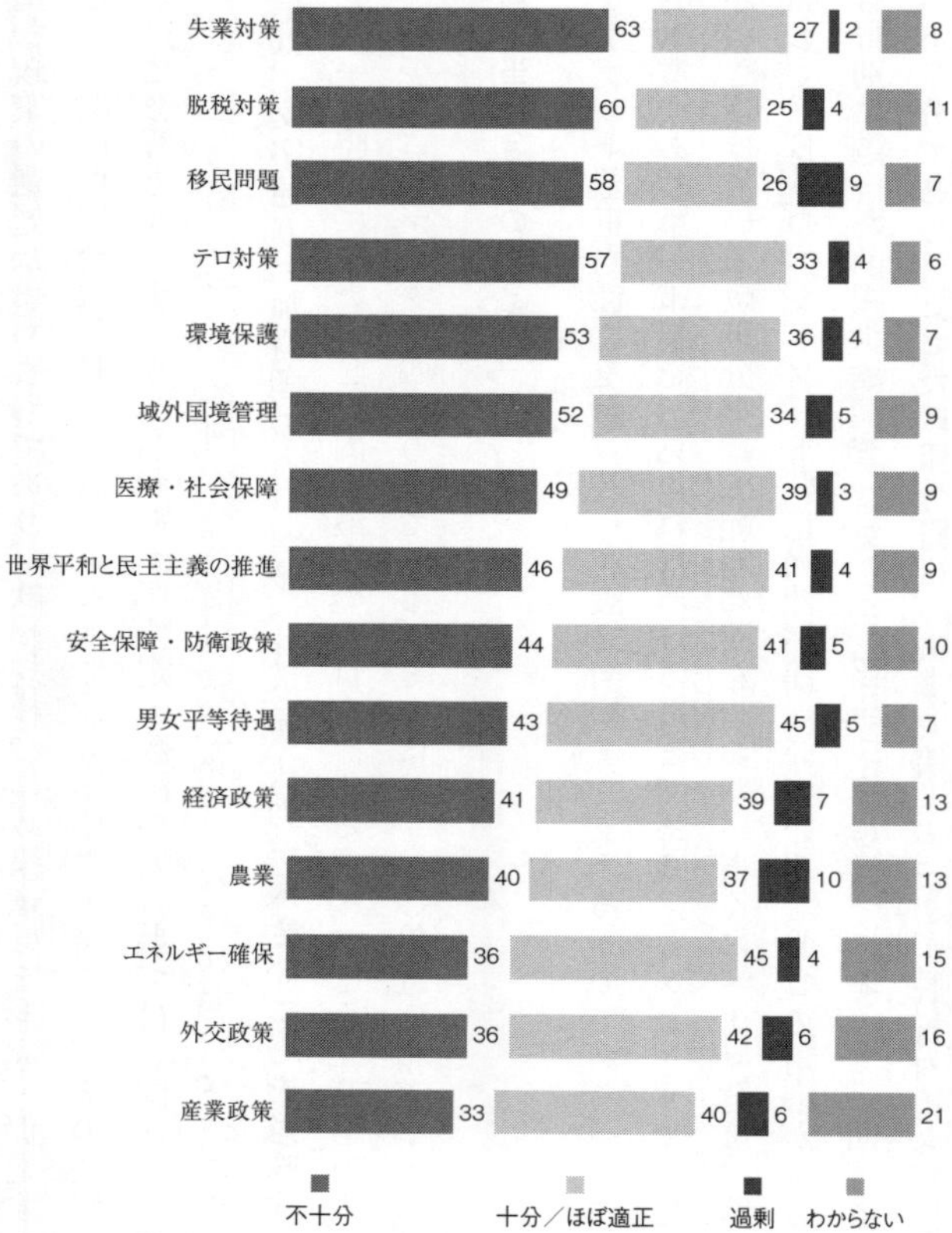


出典：*Two years until the 2019 European elections*, Special Eurobarometer of the European Parliament, 2017, p. 25

移民問題（五八％）、テロ対策（五七％）、環境保護（五三％）、域外国境管理（五二％）となっている（図表2－7）。ＥＵが市民の期待に十分応えることができなければ、アウトプット型正当性の面においても、やはり欧州ポピュリズムから攻撃されることになる。

## 5　ＥＵの基本的価値と加盟条件

### †ＥＵが重視する価値とは何か？

ＥＵは自らを「価値の共同体」とみなし、「価値が欧州を定義するのであって、国境がそうするのではない」と主張する（Rehn 2005）。ＥＵが最も重視する価値には、欧州ポピュリズムが重視する民主主義だけではなく、ポピュリスト政党が軽視する法の支配および基本的人権も含まれる。ＥＵの憲法に当たる基本条約には、「連合は、人間の尊厳の尊重、自由、民主主義、平等、法の支配及び、少数者に属する者の権利を含む人権の尊重という諸価値に基づいている」（以下、人権・民主主義・法の支配）ことが表明されている（ＥＵ条約

第二条)。これらの価値は、加盟国の公共空間において発展してきたリベラル・デモクラシーの諸原則として作用する。EU自体だけでなく加盟国もまた、EU基本条約上、「諸価値」の尊重と促進という要求に拘束される(Fischer 2010)。それは、第一に「諸価値」の尊重および促進が加盟条件とされていること、第二に「諸価値」に対する重大かつ継続的な違反に対する制裁手続から明らかである。

## †EUに加盟するための条件は何か?——コペンハーゲン基準

EUへの加盟を希望する国は、EUに対して加盟申請を行い、加盟条件を充たしていると判断されるならば、加盟交渉が行われる。加盟に関する合意が加盟条約・議定書として成立すれば、すべての加盟国と申請国により署名され、かつ批准されなければならない(EU条約第四九条)。

EUの加盟条件は、次のように定められている。

「[EUが依拠する]価値を尊重し、かつ促進することを約束するすべての欧州国家は連合の一員となることを申請することができる。」(EU条約第四九条一段)

これには、EUへの加盟条件として二点が示されている。まず「欧州国家」ということであり、地理的条件として欧州に位置する国家であることが必要である。ただし、欧州の地理的範囲について明確な基準は存在しない。この面で、モロッコについては否定され、トルコについては肯定されている。また、実質的条件として、人権・民主主義・法の支配を尊重し、促進することが求められる。

具体的な加盟基準は、一九九三年六月にコペンハーゲンで開催された欧州理事会で決定された。このため「コペンハーゲン基準」と呼ばれる。それに含まれるのは、第一に政治的基準として、民主主義、法の支配、人権および少数民族の尊重を保障する安定した制度を有することである。第二に経済的基準として、市場経済が機能していることである。第三に法的基準として、「アキ・コミュノテール」(*acquis communautaire*)に則った法整備を行うことである。

アキ・コミュノテールは、現在では「EUアキ」(*Union acquis*)と呼ばれることもある。それは「既存EU法体系」を意味し、EU内ですべての加盟国を共に拘束する共通の権利および義務の総体をいう。その範囲は絶えず進展し、それからの後退は許されないとされる。具体的には以下の項目が含まれる。

①基本条約に定められた内容、原則および政治的目標
②基本条約を適用するさいに採択された立法およびEU司法裁判所の判例法
③EUにより採択された宣言および決議
④共通外交・安全保障政策（CFSP）に関連する措置
⑤司法・内務に関連する措置
⑥EUにより締結された国際協定およびEUの活動分野で加盟国が相互に締結した国際協定

アキ・コミュノテールの詳細は、「章」(chapters) として示される。その一覧について、図表2-8を参照されたい。加盟候補国はEU加盟前にアキ・コミュノテールを受諾し、自国の国内法の一部としなければならない。それは交渉可能なものではなく、加盟候補国は、いつ、どのようにそれらを採択し、実施するかに関して同意することが求められる。このように、加盟交渉は、EUと加盟候補国との間で、非対称的な力関係の下で行われる。

### 図表2-8　アキ・コミュノテール（既存EU法体系）の各章

| | |
|---|---|
| 第1章 物の自由移動 | 第19章 社会政策および雇用 |
| 第2章 労働者の自由移動 | 第20章 企業および産業政策 |
| 第3章 開業の権利およびサービス提供の自由 | 第21章 欧州横断ネットワーク |
| 第4章 資本の自由移動 | 第22章 地域政策および構造政策手段の調整 |
| 第5章 公共調達 | 第23章 司法制度および基本権 |
| 第6章 会社法 | 第24章 司法、自由および安全 |
| 第7章 知的財産権法 | 第25章 科学および研究 |
| 第8章 競争政策 | 第26章 教育および文化 |
| 第9章 金融サービス | 第27章 環境 |
| 第10章 情報社会およびメディア | 第28章 消費者および健康保護 |
| 第11章 農業および農村開発 | 第29章 関税同盟 |
| 第12章 食品安全および動植物検疫政策 | 第30章 対外関係 |
| 第13章 漁業 | 第31章 外交、安全保障および防衛政策 |
| 第14章 運輸政策 | 第32章 財政コントロール |
| 第15章 エネルギー | 第33章 財政および予算規定 |
| 第16章 税制 | 第34章 諸機関 |
| 第17章 経済および金融政策 | 第35章 その他の事項 |
| 第18章 統計 | |

出典：European Commission, *Chapters of the acquis*, 2016

## †EUの基本的価値に著しく違反するとどうなるか？——権利停止手続

EUに加盟した後は、たとえポピュリスト政党が政権に就いたとしても、コペンハーゲン基準を維持する義務がある。しかし厳密に言えば、コペンハーゲン基準はEU加盟の条件であるが、EU加盟継続の条件ではない。そのため、もし加盟国がEU加盟後にEUの基本的価値である人権・民主主義・法の支配に違反した場合にEUが介入する権限と手段が、実はあまり用意されていない。唯一存在するのが、「権利停止手続」（EU条約第七条）と呼ばれるものである（図表2-9、八五頁）。これは二段階に分かれる。第一段階は、重大な違反の明白なおそれが存在する場合の予防メカニズムである。第二段階は、重大かつ継続的な違反が現実に存在する場合の制裁メカニズムである。

アムステルダム条約（一九九七年署名、九九年発効）による基本条約の改正で権利停止手続が導入された当初は、第二段階のみが規定され、いきなり制裁を科す手続きとなっていた。一九九九年のオーストリア総選挙の後、中道右派の国民党（ÖVP）が極右政党の自由党（FPÖ）と連立政権を形成した際、それだけで「重大かつ継続的な違反」が発生したわけではないため、EU一五カ国（当時）のうち一四カ国は、加盟国であるオーストリアに対して権利停止手続を発動することができなかった。それゆえ、一四カ国は自由党が連立政権から排除されることを期待して、EUレベルではなく二国間の外交制裁（一四カ国の政府がオーストリア政府との二国間接触を禁止すること）を行った。その期待は実現しなかったが、このときの経験を踏まえて、ニース条約（二〇〇一年署名、〇三年発効）による条約改正で予防メカニズムが追加されたのである（Larsson & Lundgren 2005）。

権利停止手続の第一段階である予防メカニズムにおいて、ある加盟国がEUの基本的価値である人権・民主主義・法の支配に対して重大な違反を行う明白なおそれが存在する場合、閣僚理事会は、その加盟国に聴聞を行い、勧告を発することができる。その後、閣僚理事会は重大な違反の明確なリスクの存在について認定することができる。この認定については、加盟国数（対象国を除く、以下同様）の三分の一、欧州議会またはコミッションによる提案に基づき、欧州議会の同意（投票数の三分の二以上かつ構成員の過半数による）を得た後、閣僚理事会が構成員の五分の四の多数決により決定を行う。その後、閣僚理事会は、そのような認定の根拠が継続しているか否かを定期的に検証する。

第二に制裁メカニズムとして、加盟国による人権・民主主義・法の支配に対する重大かつ継続的な違反が存在する場合、その加盟国はまず自己の見解を提出するよう求められる。

その後、加盟国数の三分の一またはコミッションによる提案に基づき、欧州議会の（投票数の三分の二以上かつ構成員の過半数による）同意を得た後、欧州理事会が全会一致（棄権可）により、そのような違反の存在を認定することができる。

重大かつ継続的な違反の存在が認定された場合、閣僚理事会は、対象国へのEU基本条約の適用から生じる一定の権利のうち停止の対象となるものを、特定多数決（七二頁参照）により決定することができる。それには、閣僚理事会における対象国政府代表の投票権も含まれる。なお、対象国のEU基本条約上の義務はそのまま存続する。

権利停止の決定後、閣僚理事会は状況の変化に応じて、権利停止の措置の変更または取消を、特定多数決により決定することができる。

実際に権利停止の制裁を発動するためには、最終的に加盟国の全会一致を必要とする。そのため、たとえば反リベラル・ポピュリズムのポーランド政権が司法権の独立を損なう法改正を行ったとして権利停止手続を開始しても、同じく反リベラル・ポピュリズムを標榜するハンガリー政権が反対票を投じるならば、制裁を発動することができないことになる（第四章参照）。

## †「法の支配枠組み」

このように、権利停止手続は非常に深刻な事態になってから対処する「重い」手続きである。そのため、前段階として、コミッションは、権利停止手続が必要となる前に、対象となる加盟国との対話を行うことによって、法の支配に対するシステミックな脅威を防止する目的で、「法の支配枠組み」(Rule of Law Framework)を二〇一四年三月に導入した。これは、個別の事案ではなく、加盟国における権力分立、司法権の独立など、法の支配に対するシステミックな性格の脅威が存在する場合を想定している。

「法の支配枠組み」には、三段階ある。第一にコミッションの評価である。この段階では、コミッションが情報収集と分析を行い、システミックな脅威があると見なされる場合、「法の支配意見」が対象国に送付され、対話が行われる。対象国が十分に取り組まない場合、コミッションの評価が実施され、対象国に送付される(内容は非公開とされる)。第一段階で問題が十分に解決されない場合、第二段階としてコミッションは、特定期間内に問題を解決するよう勧告を行う「法の支配勧告」を対象国に送付する(内容が公開される)。第三段階として、コミッションは対象国がコミッションの勧告に従っているかどうかを監視

図表 2-9 「法の支配枠組み」と権利停止手続

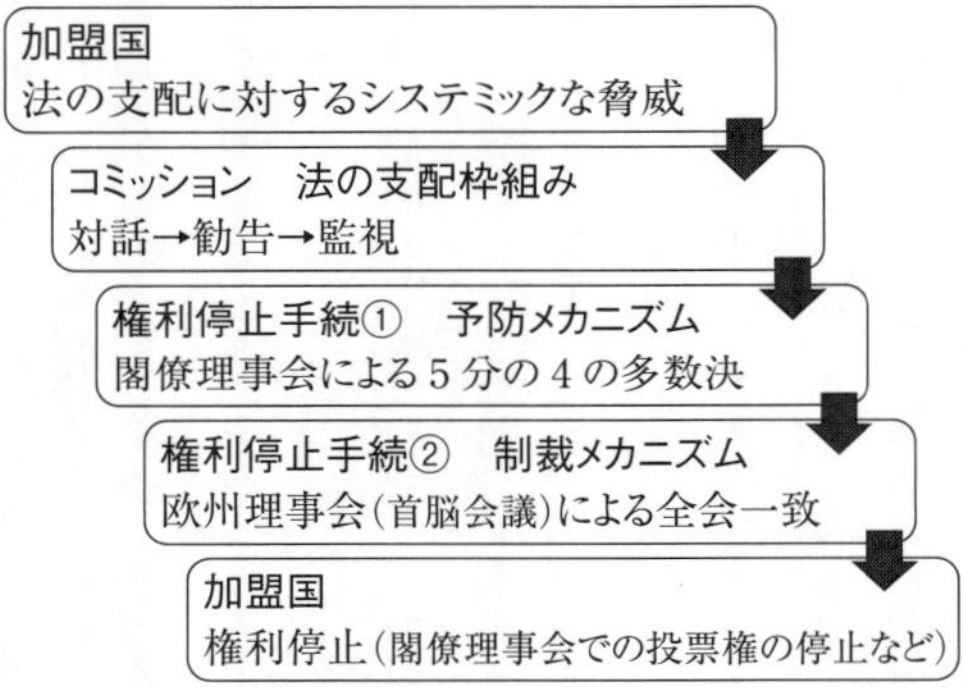


出典：European Commission, *Annexes to A new EU Framework to strengthen the Rule of Law*, COM (2014) 158 final, 11 March 2014, p. 4 を参考に筆者作成

する。対象国が期限内に十分に勧告に従っていない場合、コミッションは権利停止手続の発動を検討する。「法の支配枠組み」と権利停止手続について、図表2－9を参照されたい。

### †EU司法裁判所への提訴——権利停止手続の代替手段？

EU加盟国が法の支配を損なう行動に出ているが、システミックな脅威には達していないと判断される場合、個別の関連EU立法の違反としてコミッションがEU司法裁判所に提訴することがある。それは、一般に義務不履行訴訟と呼ばれるものである。また、法の支配に対するシステミックな脅威があると見られる場合であっても、コミッションが他の

**図表 2-10　義務不履行訴訟――コミッション対加盟国**

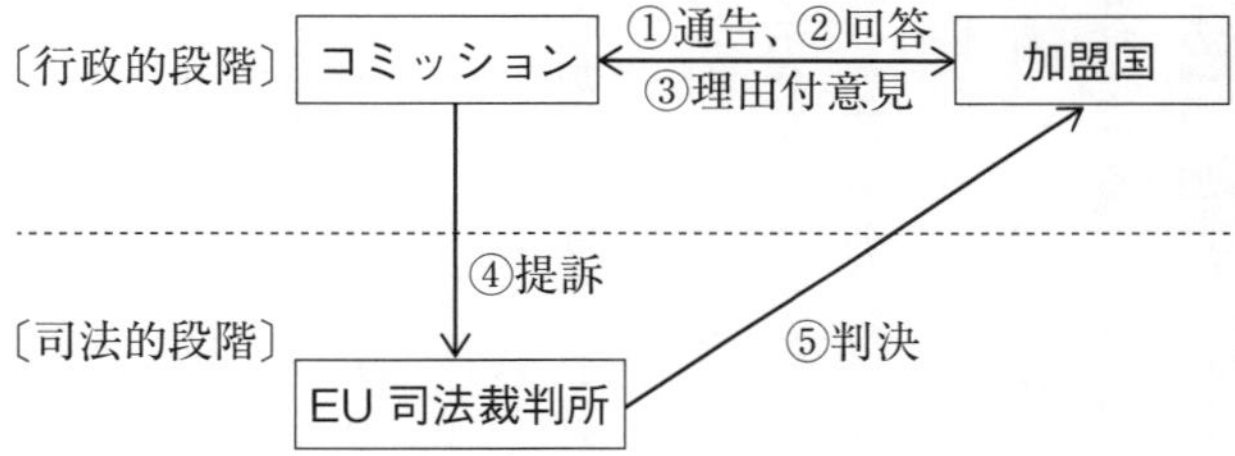


出典：庄司克宏著『新 EU 法　基礎篇』岩波書店、2013 年、p. 152

加盟国間から十分な支持を得られる見込みがないと判断される場合には、義務不履行訴訟が代替手段として用いられることもある。

義務不履行訴訟とは、ＥＵ立法の国内不履行などが基本条約上の義務に反するとして、コミッションが加盟国をＥＵ司法裁判所に提訴する手続きである。義務不履行訴訟の手続きには、行政的段階（訴訟前手続）と司法的段階が存在する（図表２－10）。

行政的段階が置かれている目的は、加盟国に対し、ＥＵ法に基づく義務に従う機会、また、コミッションからの異議に対して自己を防禦する権利を活用する機会を与えることにある。行政的段階で加盟国が従わない場合、コミッションは司法的段階に進み、加盟国をＥＵ司法裁判所に提訴する。コミッションが勝訴する場合、加盟国は判決に従うために必要な措置をとらなければならない。加盟国が判決に従わない場合、EU司法裁判所は、コミッションの再度の提訴を受けて、制裁金を科すことができる。

EU司法裁判所は、義務不履行を生じさせた行為を特定することができるが、加盟国に対して違反是正措置を指示することや、EU法に違反する国内措置を取り消すことはできない。そのため、見せかけの判決履行が見られることもある。この点については、第四章2（なぜEUはハンガリーの反リベラル・ポピュリズムを容認するのか）を参照されたい。

## †EUは加盟国を除名することができるか

EUは、たとえばポピュリスト政党が支配する加盟国が人権・民主主義・法の支配を否定する行動をとった場合に、権利停止手続を通り越して除名処分にすることができるだろうか。EU基本条約には、EUが特定の加盟国を除名するための規定は存在しない。つまり、除名できない。しかし、国際法（ウィーン条約法条約）上は、一加盟国による重大な違反があった場合に、他の加盟国すべての合意があれば当該加盟国を除名することができるとされている。

他方で、加盟国が自己の意思でEUから離脱することについては、EU基本条約にそれを認める規定があるため、可能である（EU条約第五〇条）。国民投票でEU離脱を選択したイギリスは、その規定に基づいて離脱通告を行った。しかし、反リベラル・ポピュリズム勢力が政権を握るハンガリーやポーランドの場合、EU予算からの純受取国としてそれぞれ第一位と第二位を占めていることもあり（国民一人当たり、図表2-5参照）、EUからの離脱は想定されない。

第三章

# 欧州ポピュリズムはなぜ出現したのか

イギリス独立党（UKIP）、ファラージ党首
（david muscroft / Shutterstock.com）

なぜ欧州でポピュリズムが台頭するようになったのかについて、たとえば、次のような理由が指摘される。第一に、EU加盟国の有権者の大部分は、政治エリートが自分たちにとって重要な問題に十分取り組んでいないと考えている。第二に、各国政治エリートが左右関係なくますます「どれも同じ」と見なされるようになっている。第三に、いっそう多くの民衆が、各国政治エリートを本質的に「無力」であると見なしている。第四に、メディアの活用である。とくにツイッターなどのソーシャルメディアは、ポピュリスト政党が影響力を強めるうえで効果的に使用されている（Mudde 2015）。

他方で、台頭したポピュリズムを抑制する動きもある。この要因として、ポピュリストが支持を訴える「民衆」の範囲が実際には限定されていることが多いこと、欧州におけるナチス・ドイツの記憶の共有、アルゼンチンでフアン・ペロン（Juan Domingo Perón）大統領が行ったバラマキ政策の破綻とその後の混乱のような、ポピュリズムによる負の経験の学習効果、国内民主主義の改善などが挙げられている（Kaltwasser 2015）。

本章では、まずポピュリズムの台頭に共通する理由について一般的に考え、次いで欧州ポピュリズムが登場した構造的要因を、とくに市場統合（単一市場）をはじめとする政策分野を念頭に置きながら、主に「インプット型正当性」の面から探る。そのうえで最後に、移民・難民政策分野と法の支配の問題を事例として、主として「アウトプット型正当性」の面から排外主義・ポピュリズムと反リベラル・ポピュリズムがなぜ台頭したのかについて考える。

## 1 ポピュリズムの一般的発生要因

### †ポピュリズムはなぜ発生するのか

ポピュリズムという現象はなぜ発生するのだろうか。そこにはさまざまな原因が複合的に絡んでいるが、大まかに整理すれば、需要サイド（大衆の側）と供給サイド（政治的アクターおよび政党の側）、それぞれに生じた変化によって説明することができよう。そうした変化には、どちらにも国内レベルで生じたものと国際レベルで生じたものとがある。ここから、ポピュリズムの発生要因は以下の四つに分類できる（図表3－1）。社会的不満の高まり、デモンストレーション効果、主要政治勢力の立場の収斂、反コスモポリタン感情の利

## 図表 3-1　ポピュリズムの発生要因

| | | |
|---|---|---|
| 需要サイド（大衆）の変化 | 国内的要因 | 社会的不満の高まり |
| | 国際的要因 | デモンストレーション効果 |
| 供給サイド（政党）の変化 | 国内的要因 | 主要政治勢力の立場の収斂 |
| | 国際的要因 | 反コスモポリタン感情の利用 |

出典：Cristobal Rovira Kaltwasser, "Explaining the Emergence of Populism in Europe and the Americas" in Carlos de la Torre (ed.), *The Promise and Perils of Populism: Global Perspective*, University Press of Kentucky, 2015, p.197（Table 7.1）を参考に筆者作成

用、がその四要因である（Kaltwasser 2015）。それぞれ、もう少し詳しく見てみよう。

第一に、需要サイドに生じた国内的要因とはどのようなものだろうか。近年、政治家の無能や腐敗、経済的苦境などから蓄積される社会的不満の高まりが指摘される。たとえば、グローバル化による福祉国家の「縮小」や移民の増大といった問題は、各国共通の課題である。これらの問題に対する政治エリートの無能無策により、大衆がエリート層への対立感情を募らせるのである（第一章1参照）。

第二に、需要サイドに生じる国際的要因として、他国のポピュリズムの経験がメディアなどを通じて波及するデモンストレーション効果が指摘されている。イギリスのEU離脱(Brexit) を受けて、フランスの国民戦線（FN）がFrexitを主張したのは、その好例と言えよう。

第三に、供給サイドに生じる国内的要因を見てみよう。政

党が選挙で勝つことだけを考える場合、より多くの有権者が好む政策を約束するようになる。こうなると、各政党の政策が収斂していく。主要政党間であまり政策の違いが見られず、彼らが訴える似通った政策が有権者の期待に応えられない場合、ポピュリスト政党がつけいる政治的余地が生じる。

第四の、供給サイドに生じる国際的要因が、グローバル化の進展に伴って発生する反コスモポリタン感情の利用である。ポピュリストは、グローバルな機関（欧州の場合にはＥＵ）や外国勢力が自国の民主主義や政治的自決権を危機に陥れているとして、問題を過度に単純化することにより、民衆の感情に訴えて支持を拡大する。これは第一の要因とも密接な関係にある。

以上の四つの要因は、多かれ少なかれ、欧州にも当てはまる。とくに第四の要因である反コスモポリタン感情の利用は、ＥＵに向けられる場合、ポピュリスト政党にとって強力な武器となる。しかしこれらに加え、ＥＵという政体を注意深く観察するならば、欧州に特有のポピュリズム発生要因が構造的に存在することがわかる。

## 2 欧州ポピュリズムの構造的要因

### †欧州統合のパラドクス

ＥＵはしばしば「独特（*sui generis*）の政体」とみなされ、格別な存在として扱われる傾向がある。しかし、そのような観点に立つと、欧州ポピュリズムが台頭した構造的要因を見誤る可能性がある。欧州大学院大学（フィレンツェ）で比較政治学の教授を務めたピーター・メア（Peter Mair）氏は、『虚空を支配する――西欧民主主義の空洞化』（未邦訳）と題する著書において、ＥＵを特別扱いや例外視するよりもむしろ、ＥＵという仕組みがどのような意図で作られたのかという点に着目して、「各国政治指導者により、代表制民主主義に伴う制約を回避して政策決定を行うことができる保護領域として構築されてきた政治システム」と見なすべきであると述べている（Mair 2013）。その発想は、大衆民主主義が近視眼的な傾向に陥りがちであるという点、また、民主的選挙によらない「非多数派機関」（non-majoritarian institutions）が民主政治において占める役割を考慮に入れるところから来ている。以下では、こうした知見に依拠しながら、欧州統合のパラドクスとして、EUの政治システムそのものが欧州ポピュリズムを生み出したことについて説明する。

## †モネ方式と「許容のコンセンサス」

EUは「スプラナショナル」（超国家的 supranational）な政体であると言われる。スプラナショナルであるとは、複数の国家が主権を制限し、それを共同行使する仕組みを通じて統合することを意味する。それは、欧州統合の最終目標を示さないで経済統合のプロセスを徐々に進めるというアプローチに基づいており、欧州統合の父の一人であるジャン・モネ（Jean Monnet）の名前にちなんで「モネ方式」と呼ばれる。モネ方式により、欧州統合は国内政治から「隔離」されたのである。

欧州石炭鉄鋼共同体最高機関初代委員長、ジャン・モネ
（©European Union 1967）

モネ方式は、当初、市場統合という限定的なプロジェクトのために欧州の政治エリートや外交官の間

にコンセンサスを生み出すよう意図されていた。そこには、テクノクラート的な統合手法により、政策の「結果」で正当化されること、すなわち、アウトプット型正当性が前提にあった。テクノクラシーとは、専門技術的知識を備えた、公平無私な専門家エリートによる政策の管理・運営を意味する。

欧州統合のプロジェクトは、単一市場から「スピルオーヴァー」(波及 spillover) して、さらなる政策分野の統合をもたらすと期待された。実際、このモネ方式に基づき、欧州は石炭・鉄鋼の部門統合、一般的な市場統合、経済通貨同盟の順に漸進的に統合を深化させていった。さらに現在では、共通外交・安全保障政策、また、国境管理や警察協力をはじめとする司法・内務協力のように、経済的領域と直接には関係しない分野も、EUが国家を補完する形で担当するようになっている。

モネ方式は、アメリカの政治学者の表現を借りれば、「スプラナショナル・コンプロマイズ」(超国家性のための妥協 supranational compromise) と呼ばれる (Lindberg & Scheingold 1970)。それは、欧州統合には当初、「国家は主権の委譲を行うが、経済統合を限定的な領域にとどめる」一方で、「統合による経済的利益を加盟国に配分することにより、市民からの支持を確保する」という暗黙の合意があったことを示している。モネ方式はこの想定を出発点としたが、さらにその先に政治統合を措定していた。この背景には、「政治的な欧州統合は、政治的および経済的エリートが法的手段と管理手法を用いて、欧州の人々の積極的な参加なしに達成することができる」というモネの信念があった（Majone 2017）。モネ方式は、欧州統合プロジェクトを国内政治から「隔離」することを前提としていたのである。
かつてコミッション（欧州委員会）で通商担当委員を務めたことがあるパスカル・ラミー氏（前掲、第二章）は、次のように語ったことがある。
「石炭および鉄鋼に関する協力は、欧州プロジェクトの創立の父祖たちが合意した最初のものであった。それは、かれらが演じたトリックであった。かれらは政治同盟を望んでいたのであり、それを始める最も容易な場が石炭と鉄鋼という二つの基本的産品の共同市場であった。」（Klein 2002）
今では、このようなモネ方式に対して、「根本的な誤謬」であるという強い批判が加えられている。

## †スプラナショナル・コンプロマイズの範囲とその拡張

当初のスプラナショナル・コンプロマイズで現実的に想定されていた範囲は、せいぜい市場統合までであった。このため、その範囲を超えて欧州統合を進めることは政治的な困難を伴った。当初の基本条約であったローマ条約（正式には「欧州経済共同体［EEC］条約」と呼ばれ、一九五七年に署名され、五八年に発効した）には、その目的が、次のように規定されていた。

「共同体は、その任務として、共同市場を設立し、および加盟国の経済政策を漸進的に接近させることにより、経済活動の調和ある発展、継続的かつ均衡のとれた拡張、安定の増大および生活水準の加速度的向上ならびに共同体に所属する諸国間の一層緊密な関係を共同体全域で促進する。」（EEC条約第二条）

このようにローマ条約では、もっぱら共同市場、すなわち、単一市場の形成を目的としていたことがわかる。これに対し、数度の条約改正を経て、リスボン条約（二〇〇七年署名、二〇〇九年発効）により改正された現在の基本条約（EU条約およびEU機能条約という二本立てとなっている）では、次のようにEUの目的が大幅に拡張されている。

一、EUは、平和、自らの諸価値および諸民の厚生を促進することを目的とする。

二、EUは、その市民に対し、人の自由移動が域外国境管理、庇護、移民、ならびに犯罪の防止および撲滅に関する適切な措置と結びついて確保される、内部に国境のない自由・安全・司法領域を提供する。

三、EUは、域内市場を設立する。EUは、均衡の取れた経済成長および物価の安定に基づく欧州の持続可能な成長、完全雇用および社会的進歩を目標とする、高度の競争力を伴う社会的市場経済、ならびに環境の質の高水準の保護および改善のために活動する。EUは、科学的および技術的進歩を促進する。

EUは、社会的排除および差別と闘い、また、社会的正義および保護、女性と男性の間の平等、世代間の連帯、ならびに児童の権利の保護を促進する。

EUは、経済的、社会的および領域的な結束［格差是正］、ならびに加盟国間の連帯を促進する。

EUは、その豊かな文化的および言語的多様性を尊重し、また、欧州の文化的遺産の保護および発展に留意する。

四、EUは、ユーロを通貨とする経済通貨同盟を設立する。

五、世界の他の部分との関係において、EUは自己の諸価値および諸利益を擁護し、かつ促進し、また、市民の保護に寄与する。EUは、平和、安全、地球の持続可能な発展、諸国民の間の連帯および相互尊重、自由かつ公正な貿易、貧困の根絶、ならびに人権、とくに児童の権利の保護、ならびに国際法の厳格な遵守および発展、とくに国際連合憲章の諸原則の尊重に寄与する。

六、EUは、［基本］条約において付与される権限に応じて、適切な手段により自己の諸目的を追求する。

（EU条約第三条）

以上のように、当初のEECの目的と現在のEUの目的とを比べるならば、その拡張ぶりが明らかである。それはスプラナショナル・コンプロマイズが当初想定していた範囲から明らかに逸脱するものとなっている。

### †マーストリヒト条約とデンマーク・ショック

欧州統合がスプラナショナル・コンプロマイズの限界を超えていることがはじめて表面化したのは、一九九二年に署名されたマーストリヒト条約の批准のときであった。その条約の合意に至る政府間会議では密室の交渉により、市場統合を超えて通貨統合に進むことや、外交・安全保障および国境管理・移民・治安のような国家主権の中核的分野にEUが関与することが決まったため、加盟国市民たちは自分たちのあずかり知らないところで重要な政策が決定されたと感じた。そのため、各国でのマーストリヒト条約の批准プロセスは困難を窮め、とくにデンマークでは国民投票により批准がいったんは否決されるという事態が発生した。これは「デンマーク・ショック」と呼ばれた。この危機はその後、補完性原則（EUに権限があるとしても、規模と効果を基準にEUの権限行使を抑制する原則）の導入と引き換えに国民投票がデンマークで再実施され、マーストリヒト条約が批准されて発効した結果、ようやく収束に向かった。

このように、欧州統合がプロジェクトとして発展するにつれ、そのテクノクラート的現象としての成功が、かえって各国市民から反発を買うようになった。それは、モネ方式の限界として意識されるようになった。

## †フィッシャー構想と欧州憲法条約の挫折

二〇〇〇年五月一二日、ヨシュカ・フィッシャー（Joschka Fischer）ドイツ外相（当時）はベルリンのフンボルト大学で講演を行い、欧州統合の最終目標を示さないまま経済統合を漸進的に進めるモネ方式が限界に達し、欧州の民主的な政治統合にはそもそも適していないという認識を明らかにした。そのうえで、欧州統合の最終形態として、憲法制定条約により二院制の欧州議会および欧州政府を擁する「欧州連邦」を創設し、国民国家との間で主権を分割するという構想を表明したのである。その実現のため、少数の加盟国が中核グループを形成して先行統合し、残りの国々が時間をかけて後で参加するという方法も示された。それは、「二速度式欧州」と呼ばれるアプローチであった（第五章3参照）。

このフィッシャー構想に触発されて、EUでは加盟国政府やEU諸機関の代表だけでなく、各国議会の代表も参加する諮問会議が設置され、欧州憲法条約草案の起草作業が行われた。その草案は政府間会議で正式に合意され、二〇〇四年に署名された。しかし、実際に合意された欧州憲法条約は「欧州連邦」には程遠い内容であった。それにもかかわらず、「憲法」という用語の使用、EU旗およびEU歌の規定、EU外務大臣という名称のポストの設置などが国家を連想させるという理由で、原加盟国のフランスやオランダの国民から反発を受け、国民投票により批准が拒否されるという惨憺たる結果に終わった。そのため、EUは結局モネ方式に回帰し、内容的には欧州憲法条約とほぼ同じリスボン条約をあらためて政府間会議で制定し、今日に至っている。

## †「許容のコンセンサス」の崩壊

モネ方式により、欧州統合は国内政治から「隔離」されたが、その背景には政治エリート自身が民衆から信頼を受けていることに基づく「許容のコンセンサス」(the permissive consensus) が存在した。それは、主要政党間に欧州統合に関する合意があるという点で「コンセンサス」であり、また、民衆の信頼があることによりエリートの決定に対する支持が確保されるという意味で「許容」が存在した。しかしその後、信頼と支持が揺らぎ、民衆とエリートが乖離するようになるにつれ、エリート主導の欧州統合プロジェクトは脆弱化することとなったのである。

この結果、欧州ポピュリズムの勢力が、欧州統合問題をエリートに対する攻撃手段として用いるようになった。欧州ポピュリズムにとって、EUは今や、グローバル化を推進し、大企業や銀行の手先となって便宜を図り、また、国境管理を撤廃して不法移民を野放しにし、国内の多数派よりも移民などの少数派を不当に保護する存在である。フランス国民戦線(FN)のマリーヌ・ルペン党首によれば、「左派も右派も、EU、ユーロ、自由貿易および移民を支持している」のであり、「真の分断はいまや、グローバル化の支持者とナショナリストの間に存在する」(Grant 2011)。このようにして、まさに欧州ポピュリズムが台頭する状況が整ったのである。

### †国内政治における「隔離」と「空洞化」

欧州の政治エリートたちは、EUの政治プロセスが国内政治に過度に依存するのを避けるため、EUを各国の政党政治と選挙プロセスに基づく民主主義から「隔離」し、テクノクラート的な解決策を選好してきた。欧州統合のプロジェクトは長い間常に欧州の政治的・行政的エリートにより主導され、一般市民にはほとんど説明がなされなかった。それは、政治的主流派間の合意により、政治争点化されることなく追求されるプロジェクトであった。巧妙なごまかしにより進められてきた、と批判されることもある。このようにしてモネ方式により、EUの構築プロセスはほとんど常に政党間の争点や公開の政治討議から「隔離」され、それにより国内政治の「空洞化」が生じたのである(Mair 2013)。

それはどのような理由で起こったのか。理由として二点指摘される。第一に欧州統合の結果として、国内政党が競う「政策スペース」が減少した、ということである。EUの基本条約が改正されるたびにEUの政策分野が拡張され、それに伴ってEUが広範に各国法を調和するようになった。ＥＵの政策権限の範囲と類型について、図表２－４（六五頁）をもう一度参照されたい。その中で、ＥＵだけが立法できる排他的権限事項は限定的である一方、ＥＵも加盟国も立法することができる共有権限事項は単一市場に関連する分野を中心として広範にわたっており、その範囲でＥＵが立法すると加盟国は立法することができなくなる。すなわち、ＥＵ立法が増えるに従い、加盟国の権限が減少するようになる。

第二に欧州統合により各国政府や政党の「能力」が制約を受けるということである。すなわち、各国レベルからＥＵレベルに政策決定が委譲されることにより、各国政府や政党が用いることのできる政策の手段が減少し、限定されるようになっている。とくに、独立性を付与された非多数派機関に政策決定が委任されることにより、各国で政党政治が「排除」される結果となり、国内政治の「空洞化」が生じる。ＥＵの非多数派機関には、司法権としてのＥＵ司法裁判所のほか、ＥＵの政策立案と政策執行の両方を担当するコミッション、ユーロ圏の金融政策を決定する欧州中央銀行、警察協力のためのユーロポールなどが存在する。また、いわゆる「エージェンシー化」（agencification）の下で、さまざまな分野で独立性を有する多数の補助機関がＥＵ立法により設置され、専門的・技術的知見による政策決定がさまざまなレベルで行われている。

また、行政面でも各国政府の「能力」が制約を受けるようになっている。EUでは、間接行政が原則である。EUの憲法に当たる基本条約には、「加盟国は連合の法的拘束力を有する行為を実施するために必要なすべての国内法上の措置をとる」と定められている（EU機能条約第二九一条一項）。それは、原則として加盟国がEU法令の執行権限を有することを示している。しかし、EU法令を実施するために「一律の条件」が必要とされる場合には、執行権限がコミッションに委任される（第二九一条二項）。さらに、コミッションから各補助機関に再委任することも可能である。このようにして、EUレベルの非多数派機関への委任と再委任が増大した結果、加盟国レベルの行政の「能力」も逓減していった。

以上の二つの理由により、国内政治における政党間の利害対立が「減少」し、歴代の政府がとる政策にますます違いがなくなっていく傾向が生じた。EUの存在により（それだけが理由ではないとしても）、国内政治がますます「非政治化」され、その意味で「空洞化」することになる。その結果、EUレベルでの「民主主義の赤字」だけでなく、国内の民主的政策決定が超国家的レベルでEUの活動に影響力を失うという意味で、各加盟国においても「民主主義の赤字」が生じることになる。そのような国内政策決定の「非政治化」を埋め合わせるような「再政治化」はEUレベルで生じていない。むしろ、すでに指摘したとおり、EUの政治プロセスを国内政治から「隔離」することが意図的に行われてきた(Mair 2013)。

しかし、そうであるからといってEUが独裁的であるとか、権威主義的であるというわけではない。EUの諸機関は(EU司法裁判所を除き)、ロビイスト、利益団体、市民団体、個人に対して非常に敏感に反応する存在である。また、EUは参加民主主義に基づいている。EU基本条約によれば、「すべての市民は連合の民主的営みに参加する権利を有する」。また、「決定は可能な限り市民に対して公開かつ近接して行われる」(EU条約第一〇条三項)。そのため、EU諸機関は「適切な手段により、市民および代表性を有する団体に対し、連合の行動のすべての分野において自己の意見を知らしめ、かつ、公開で意見交換する機会を与える」とともに、「代表性を有する団体および市民社会とともに、公開、透明かつ定期の対話を維持する」(第一一条一、二項)。コミッションは「連合の行動の一貫性および透明性を確保するため、関係当事者に広範な諮問を行う」(第一一条三項)。さらに、EU市民は集団として、コミッションに対し、立法提案を行うよう要請することができる(第一一条四項)。

## †各国民主主義の機能不全

なぜ、このようなEUという政体が構築されたのであろうか。欧州統合の初期にはモネ方式に「許容のコンセンサス」があり、テクノクラート的な統合が受け容れられた。しかしその後、EUの統治領域が深化・拡張されてモネ方式が限界に達したという認識が広まった。それにもかかわらず、EUレベルで何らかの形で大衆民主主義的なコントロールが導入されていないのは、なぜなのだろうか。

この問いに対する有力な回答は、EUが実際には代表制民主主義の機能不全に対する「解決策」なのだ、というものである。EUは、従来の民主主義に代わる選択肢を提供するために構築されたのであり、従来型の民主主義に基づくのであればEUはそもそも不要な存在である、ということになる。日本でも見られることであるが、国家として国民全体の福利のためにどうしても必要な政策であっても、有権者に不人気なものであるならば政治家は選挙で敗北してしまい、そのような政策を実現することができなくなる、ということは往々にして起こる。その結果、政治家は権力にとどまるためには有権者受けする政策を採用せざるを得なくなる。このような問題を回避するため、欧州ではEUという仕組みが作られたのである（Mair 2013）。これは実際には、モネ方式の考え方に他ならない。

ドイツのシンクタンク「科学・政策財団」（Stiftung Wissenschaft und Politik ＳＷＰ）の所長であったクリストフ・バートラム（Christoph Bertram）氏は次のように述べたことがある。「欧州連合は、個々の加盟国のほとんどが望むが政治的に行うことができない経済改革が実施される場となっている。それが理由の一つとなり、ブリュッセルは誰もが好む「身代わり」となっているのである。ブリュッセルの顔のない官僚たち全員が私たちに現代化するよう迫ってくる。」（Klein 2002）

このように、ＥＵという装置を活用することにより、加盟国の政治家たちは自国民に不人気な政策を行うことができ、かつ、その責任をＥＵに押しつけることができる。欧州統合は、国家を超えた問題解決の営為であると言うことができる。第二章ですでに述べたとおり、ＥＵは、インプットではなく、アウトプットに基づく正当性を基盤としている。それは、ＥＵが再分配政策ではなく、主に効率性に基づく規制政策（たとえば、単一市場における国境障壁の撤廃）の権限を任されていることからも明らかである。ＥＵは非多数派機関の専門的・技術的知識を通じて長期的な利益に基づく結果を出すこと（アウトプット型正当性）により、存在理由を示さなければならないのである。

しかし、このようなEUの在り方には、当然のことながら副作用も伴う。各国では人々の不満と懐疑が充満するようになり、その受け皿として欧州ポピュリスト政党が登場するのである。すなわち、各加盟国における代表制民主主義の機能不全に対する「解決策」として登場したEUが、欧州ポピュリズムをもたらしたというパラドクスが存在する。

## †EUの非多数派機関と欧州ポピュリズム

一九五八年に『欧州の統合――政治的、社会的および経済的原動力』(未邦訳)を著したエルンスト・ハース(Ernst B. Haas)教授は、一九五二年に発足した欧州石炭鉄鋼共同体(ECSC)で中核を占めた非多数派機関である最高機関(現在のEUのコミッションに相当する)について、次のように述べている。

「ある意味で、モネは最高機関を欧州の一般意思(the European General Will)が存在する場所と見なし、邪悪な諸政府は利己的な個別意思の単なる代弁者にすぎないと考えていた。」(Haas 1958)

これに対し、一般にポピュリズムは、社会を「無垢の民衆」対「腐敗したエリート」に区別したうえで、政治は民衆(国民)の一般意思の表明であるべきだと主張する。ポピュリスト政党は自分たちこそが一般意思を代表していると見なす（第一章1参照）。しかし、各国民衆の「一般意思」と「欧州の一般意思」は明らかに異なるものであって、しばしば対立する存在である。

ＥＵはテクノクラート的な非多数派機関により運営されている。しかし、ＥＵは参加民主主義を標榜し、また、直接選挙される欧州議会に代表を擁しているため、「反民主主義的」（anti-democratic）というわけではない。だがその一方で、民主的説明責任が欠如し、インプットに基づく正当性の基盤に欠けており、また、ＥＵの政策決定者が各国選挙民から直接負託を受けるようなことは起こらないシステムになっているゆえに、「非民主的」（non-democratic）である（Mair 2013）。

このようなＥＵにおいて最大の問題は、ＥＵという政体内に「野党」を組織する権利が欧州市民に与えられていないことである。つまり、欧州レベルに与党（政府）・野党関係が存在しないのである。欧州大学院大学のジャンドメニコ・マヨーネ（Giandomenico Majone）名誉教授（公共政策）は、超国家的議会としての欧州議会について、次のように評している。

「欧州議会が議会制民主国家の立法機関と異なるのは、課税と歳出の権限、立法発議権、また、政府の活動を承認する権限を欠くからだけではない。もう一つの根本的な違いは、伝統的な政府対野党の弁証法的な関係が存在しないことである。それが存在しないことは、重要な意味を持つ。欧州ガバナンスの責任の所在を明らかにするのに適切な政治の舞台を欠くことにより、有権者は、欧州に対する野党を組織するようにほとんど追い込まれるのである。」(Majone 2017)

その結果、EUそのものを否定する反EU政党や、統合自体に消極的な欧州懐疑派政党という形で欧州ポピュリズムが登場することになる。オックスフォード大学のヤン・ジーロンカ (Jan Zielonka) 教授(欧州政治)は、「EUではテクノクラートが政策決定を支配する一方、ポピュリストが政治を支配している」と評している (Zielonka 2014)。

### †国内政治からの「隔離」がない場合

ここまで、欧州ポピュリズムが発生した構造的要因が、とくに市場統合(単一市場)をはじめとする政策分野においてEUの政治プロセスが国内政治から「隔離」されたことにある点を、主にインプットの側面から説明した。これに対して、国内政治から必ずしも「隔離」されていない政策分野(部分)も存在する。そのような政策分野では、ポピュリスト政党がEUをスケープゴートとして攻撃することにより、実際には自国政府を批判するということも見られる。以下では、そのような「隔離」が起きていない政策分野（移民・難民や法の支配の問題）で欧州ポピュリズムが、とくにEUのアウトプット面の機能不全から、どのように台頭してきたのかを探ることとする。

## 3　排外主義・ポピュリズムと移民・難民問題――国内政治からの「隔離」がない場合①

### †欧州市民は移民・難民をどう見ているか

イギリスのシンクタンク、チャタム・ハウス（Chatham House）から、「欧州の将来――大衆とエリートの態度比較」（Raines, Goodwin & Cutts 2017）という調査の結果が公表された。それは、二〇一六年一二月から二〇一七年二月までの期間に、欧州一〇カ国（オーストリア、ベルギー、フランス、ドイツ、ギリシャ、ハンガリー、イタリア、ポーランド、スペイン、イギリス）で行われた調査に基づく。なお、この調査での「エリート」とは、「地方、地域、全国および欧州の各レベルにおいて、四つの重要な部門（選挙された政治家、メディア、ビジネス、市民社会）で影響力を有する立場にある個人」をいう。

二〇一五年以来、中東と北アフリカにおける紛争や政治的不安定のために、EUは難民危機に直面してきた。二〇一五年および二〇一六年にそれぞれ約一三〇万人がEU各国で難民庇護申請を行った。この危機はEUとトルコの難民流入への対処に関する合意により何とか小康状態にある。この点について、図表3－2を参照されたい。

移民・難民問題において、難民申請者に混じって経済目的の不法移民が数多く存在することが、EU各国の国民にとって大きな不満と憤りの原因となっている。とくに、コソボ、アルバニア、セルビア、マケドニア、ボスニアなどからの難民申請者の認定率は一〇％未満であり、その大多数が不法移民となっていることを示している。また、移民・難民に関するもう一つの問題点は、難民不認定者を含む不法移民に送還命令を出しても、実際にそれが実行される割合が五〇％を切っているということである。

このような大量難民の流入と滞留が、EUに敵対的なポピュリスト政党が台頭する背景の一つとしてある。また、欧州統合を、各国の主権、文化、安全および福祉国家に対する脅威と結びつけるものとなっている（Raines, Goodwin & Cutts 2017）。

**図表3-2　EU28加盟国における難民庇護申請者数（2006〜16年）**

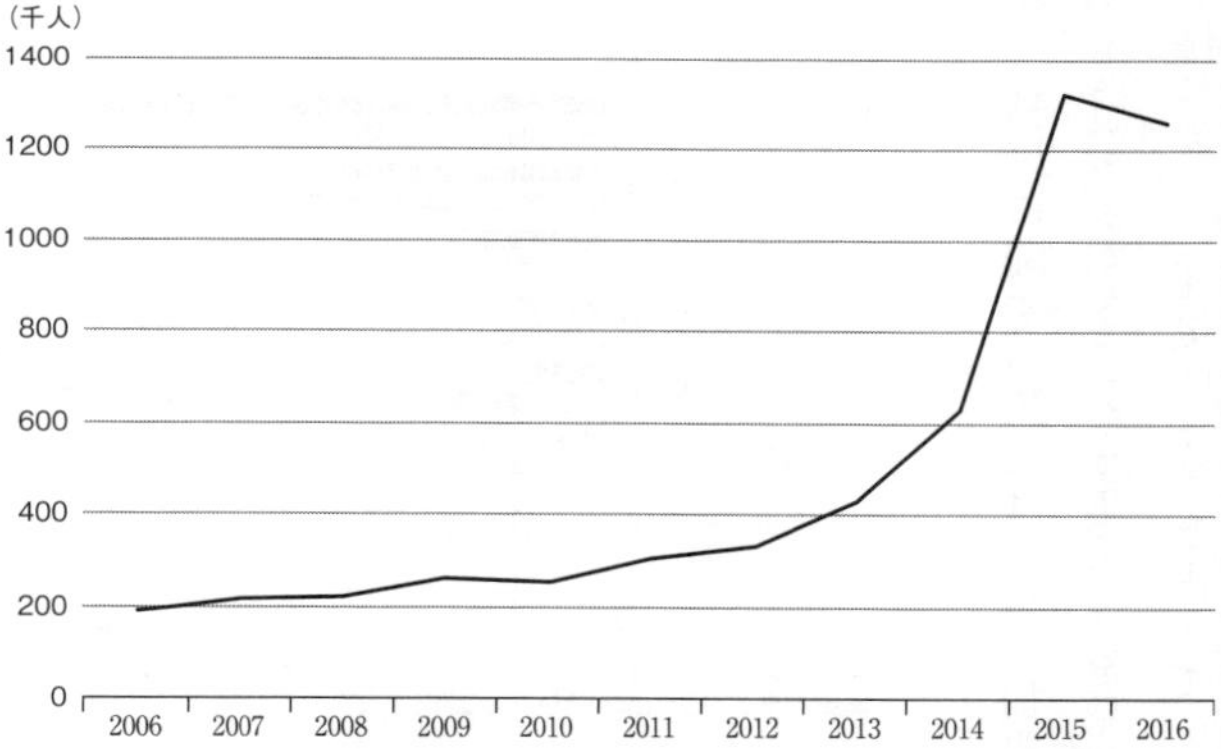


出典：Eurostat（migr_asyctz）and（migr_asyappctza）in *Asylum statistics*, 2017

　EUの最大の失敗は何か、という調査（図表3－3）で、大衆は、難民危機、官僚主義と過剰な規制、大量移民をトップ3として挙げている。これに対し、エリートが挙げるトップ3は、官僚主義と過剰な規制、難民危機、緊縮政策である。両者の意識には明らかな相違があることがわかる。

　ちなみに、難民問題に対するEUの対応を支持するかどうかをEU九カ国で調査した結果（Pew Research Center 2017）を見るならば、すべての国において「支持しない」が「支持する」を大きく上回っている（図表3－4）。

　次に、欧州市民の移民に対する態度に関する前掲「欧州の将来」の調査を見るなら

図表3-3　EUについて最大の失敗と思うこと

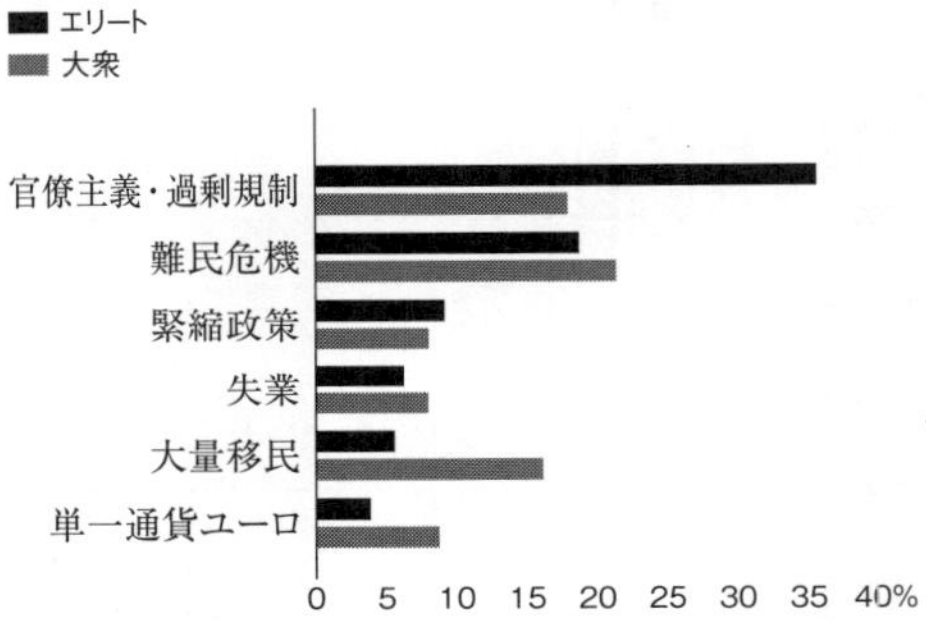


出典：Thomas Raines, Matthew Goodwin and David Cutts, "The Future of Europe: Comparing Public and Elite Attitudes", Research Paper, Europe Programme, The Royal Institute of International Affairs, Chatham House, 2017, p. 13

ば、この問題でもエリートと大衆で意見が大きく異なっていることがわかる。大衆の四四％は、移民が自国に否定的な影響を与えていると考えている。エリートは五七％が移民を自国にとってよいことであると見なしている。また、大衆の三八％は移民が文化的生活を豊かにするとの考え方を否定しているのに対し、エリートの五八％が肯定している。大衆の過半数である五一％が移民により治安が悪化したと考え（エリートは三〇％）、また、大衆の五五％が福祉国家に悪影響があるとみなしている（エリートの四九％は悪影響がないと考えている）。

なお、「移民に関する決定はEUと加盟国のどちらが行うべきか」という問いに対する調査結果（Pew Research Center 2017）を見ると、自国政府が決定すべきであるとの回答がすべての国において圧倒的多数を占めている（図表3－5）。これは、第三国からの移民および他のEU加盟国からの移民のいずれにおいても同様である。

さらに、欧州市民のイスラムに対する態度に関する前掲「欧州の将来」の調査によれば、欧州社会のイスラムに対する懸念は顕著であり、大衆に広がっている。大衆の五六%がイスラム諸国からの移民をこれ以上受け容れるべきでないと考えているのに対し、エリートの五三%は受け容れをやめるべきではないという意見である。また、大衆の五五%は、欧州とイスラムとでは生活様式が相容れないと考えているが、エリートの五〇%は相容れないとは見なしていない。

**図表 3-4　難民問題への EU の対応に対する支持率（2017 年、EU9カ国）**

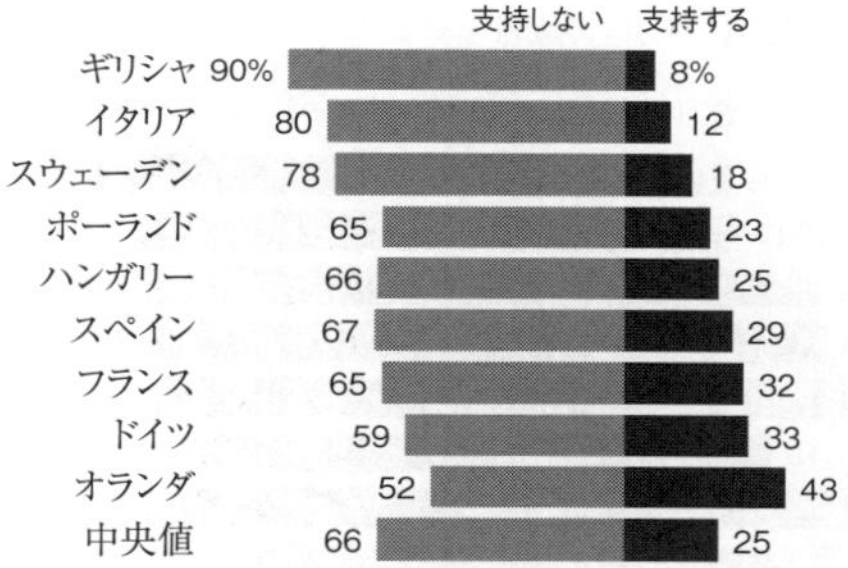


出典：Pew Research Center, "Post-Brexit, Europeans More Favorable Toward EU", June, 2017, p. 10

## †移民・難民政策分野の権限はどこにあるのか

移民・難民分野を含む政策分野は、EUでは「自由・安全・司法領域」と呼ばれる。ここはEUの共有権限分野とされ、原則として超国家的協力の範囲に入っている。EU基本条約によれば、

**図表 3-5　移民に関する決定権が EU と加盟国のいずれにあるべきか（2017 年、EU9カ国）**

①域外移民（非 EU 加盟国国民）の場合

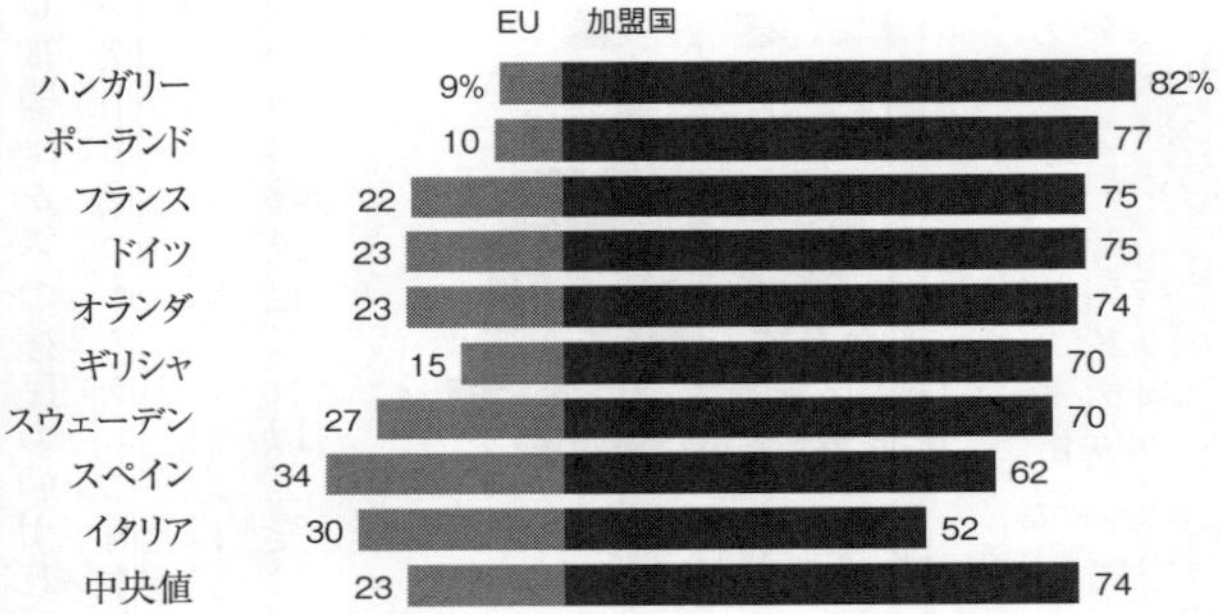


②域内移民（他の EU 加盟国国民）の場合

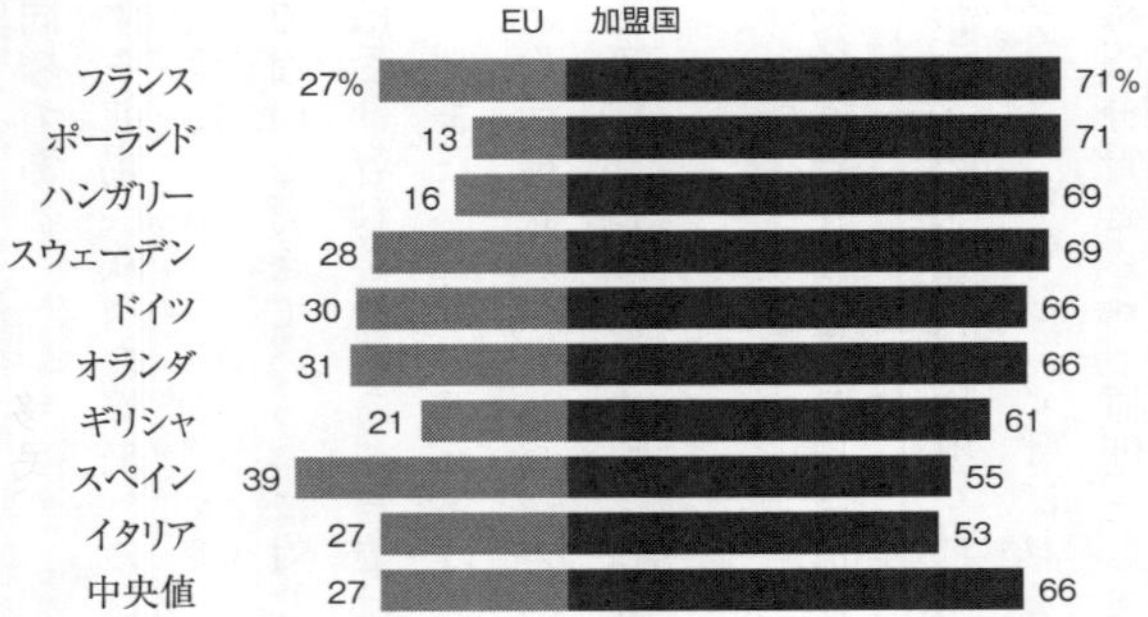


出典：Pew Research Center, "Post-Brexit, Europeans More Favorable Toward EU", June, 2017, p. 15

「EUは、その市民に対し、人の自由移動が域外国境管理、庇護、移民、ならびに犯罪の防止および撲滅に関する適切な措置と結びついて確保される、内部に国境のない自由・安全・司法領域を提供する」ことになっている（EU条約第三条二項）。

この場合の「人」は加盟国国民のみならず、第三国国民をも包含する概念として用いられている。「自由・安全・司法領域」は「内部に国境のない領域」である結果として、EU市民か第三国国民かにかかわらず、いったんその領域内に入るならば自由移動が保障されるため、域外国境管理および第三国からの移民・難民の管理がEUの権限として重要になるはずである。ところが、実際にはそうなっていない。

この政策分野でEUが主として行ったことは、シェンゲン協定による域内国境管理の撤廃にとどまり、それに伴って必要とされる域外国境管理や移民・難民の管理の権限は実質的に加盟国にとどまっている。第一に、合法的な経済目的の移民を対象とする移民政策においては、加盟国が就労目的の第三国国民の入国者数を決定する権利は影響を受けないことがEU基本条約に明記されている。すなわち、第三国からの労働移民の規制については加盟国の権限が維持されている。EUの権限は、第三国国民の長期在留、家族の呼び寄せ、不正規移民などに関する一定の共通ルールを設定することにとどまる。そのため、移民政策は最終的には加盟国の責任であることがわかる。

第二に、難民庇護分野においてEUは「欧州共通庇護制度」を定め、難民申請や受け容れなどに関する基準を設定するとともに、審査の責任国を決定する「ダブリン規則」を制定している。しかし、EUが定めるルールは下限基準にとどまり、難民庇護に関する政策を完全に統一しているわけではない。また難民受け容れに関する実施責任は加盟国にある。

第三にイギリス、アイルランドおよびデンマークは「自由・安全・司法領域」の政策分野には参加していない（オプトアウトしている）。なお、シェンゲン協定については、デンマークは参加している。また、域外国であるノルウェー、アイスランド、スイス、リヒテンシュタインも、個別の取り決めによりシェンゲン協定に参加している（図表3－6）。

以上の点から明らかなとおり、「自由・安全・司法領域」という政策分野は、類型的には超国家的協力の対象でありながら、実際には国内政治から「隔離」されていない。このため、移民・難民問題や国境管理は加盟国の政治問題として扱われる。その結果、排外主義・ポピュリズムの政党は直接、自国政府を攻撃することができる。移民・難民問題に対する不満や懸念は、今や欧州政治の中心を占め、排外主義・ポピュリズムに対する支持の主な要因となっている。しかし他方で、EUも一定範囲で関わっているため、ポピュリス

## 図表3-6　欧州における人の自由移動の枠組み

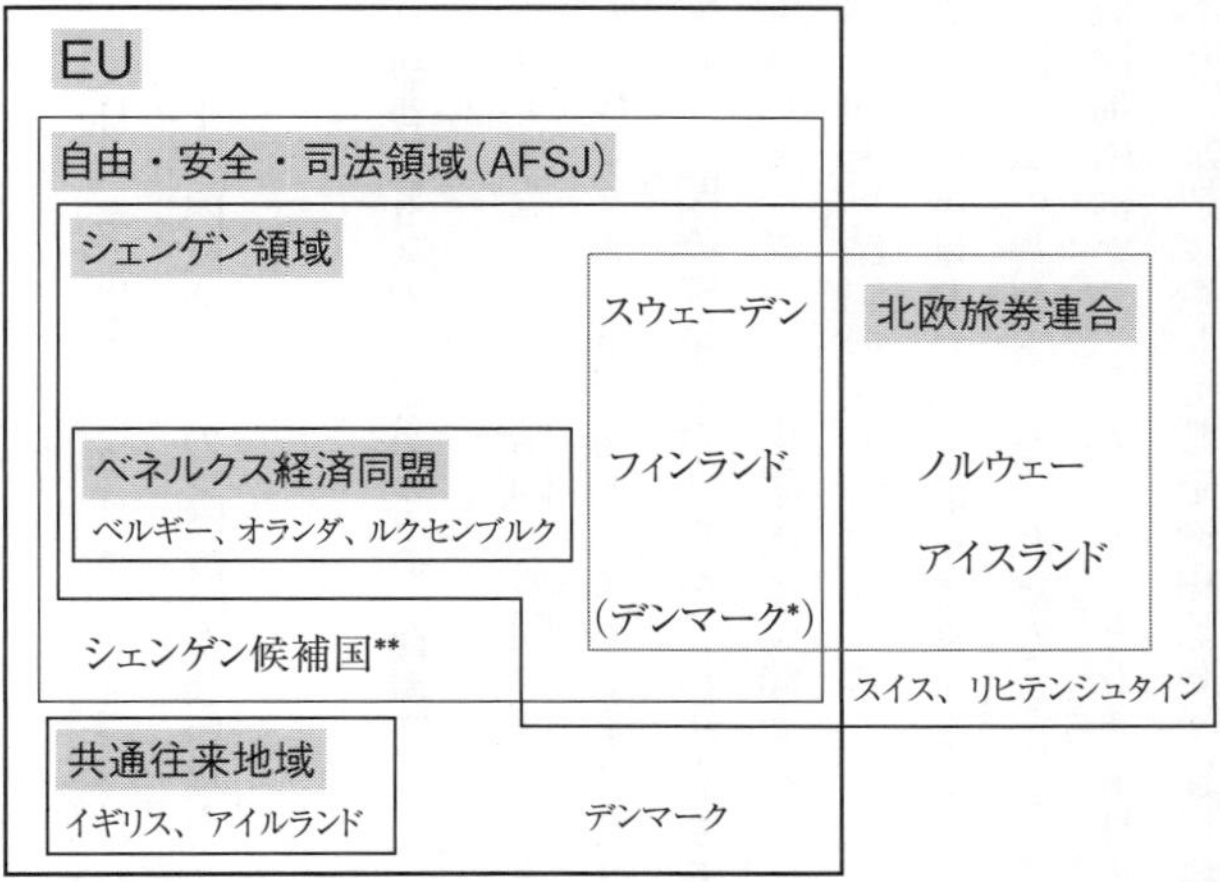


* デンマークはAFSJからオプトアウトしているが、シェンゲン・アキには国際法上の義務として参加している
** キプロス、ルーマニア、ブルガリア、クロアチア

出典：庄司克宏著『新EU法　政策篇』岩波書店、2014年、p. 175

ト政党は移民・難民問題の責任をEUに押しつけることもできる。とくにEU加盟国間でのアプローチの違いをEUレベルで調整できなかったことが、EU自体の責任と結びつけられている。先述したように、EUの最大の失敗は何かという調査（図表3－3）で、大衆がトップ3のうちに難民危機と大量移民を挙げているのはそのためであると考えられる。

## 4 反リベラル・ポピュリズムとコペンハーゲン・ディレンマ
### ――国内政治からの「隔離」がない場合②

**†EU加盟プロセスの国内政治からの「隔離」**

ＥＵが加盟交渉を申請国との間で開始するかどうかは、コペンハーゲン基準を考慮して決定される。加盟申請国との加盟交渉に実際に携わるのは、閣僚理事会およびコミッションである。閣僚理事会があらかじめ決定する共通の立場に基づき交渉し、一定の事項についてはコミッションに申請国と交渉するよう求める。ただし、加盟条約・議定書はＥＵ加盟国と加盟申請国の間で締結される。

加盟候補国はＥＵ加盟前にアキ・コミュノテール（既存ＥＵ法体系）をすべて受諾し、自国の国内法の一部としなければならない（第二章参照）。それは交渉可能なものではなく、加盟候補国はいつ、どのようにそれらを採択し、実施するかに関して合意することが求められる。加盟に際して暫定適用除外や経過措置が認められることがあるが、加盟条約・議定書は「［ＥＵ］法の規定が最初から全面的に対象国に適用されるという一般原則に本質的に基づいており、適用除外は経過規定により明文で定められている限りにおいてのみ認められる」(EU Court of Justice 2009)。

このように加盟交渉を行う権限はＥＵにある。加盟申請国が、コペンハーゲン基準の一つである「民主主義、法の支配、人権および少数民族の尊重を保障する安定した制度を有すること」を充たしているかどうかを判断するのもＥＵである。つまり、加盟交渉プロセスは、国内政治から「隔離」されている。その結果生じたことは、次のような状況であった。

「［中欧諸国の］リベラルなエリートたちは、自分たちの政策が「よい」だけでなく「必要」であり、「望ましい」だけでなく「合理的」であると示すことによって、抗議したり不満を表明したりすることが受け容れられる術を自分たちの社会に残さなかった。［民主化の］移行期間には、政治プロセスに対するエリートの過剰なコントロールと大衆政治への恐れが目立った。中欧諸国のＥＵ加盟は、民主プロセスに対するエリートの覇権を事実上制度化するものであった。議会は、主要な政治問題の討議が行われる場所としての機能を失い、ＥＵのアキ・コミュノテールを採択することに頭がいっぱいの機関に成り下がった。普通の市民たちは、移行期民主政治を、有権者が政権を交代させることができるとしても政策を変更させることができない体制として経験したのである。」(Krastev 2007)

このようにして、加盟交渉プロセス、および、コペンハーゲン基準によりそれに連動した国内民主化プロセスが、国内政治から「隔離」されることにより、中欧諸国の国民はEUから「選択の余地のない民主政治」(Krastev 2007) を押しつけられたと感じた。

### †コペンハーゲン・ディレンマと「隔離」の取り消し

しかし、この後に「コペンハーゲン・ディレンマ」(Bárd & Carrera 2017) が生じ、国内政治からの「隔離」が取り消されるという事態が生じる。すなわち、コペンハーゲン基準はEU加盟の条件であるが、EU加盟継続の条件ではない。EU加盟後に加盟国が人権・民主主義・法の支配に違反した場合にEUが介入する権限がほとんどないため、EUが実効的に対処する手段がないという事態が生じる。EUにあるのは、最終的に(対象国を除く)全会一致が必要な権利停止手続だけである。加盟条件を破った国を除名することはできない(第二章参照)。

このように、国内における人権・民主主義・法の支配は、加盟交渉プロセスでは国内政

## 図表 3-7　コペンハーゲン・ディレンマと反リベラル・ポピュリズム

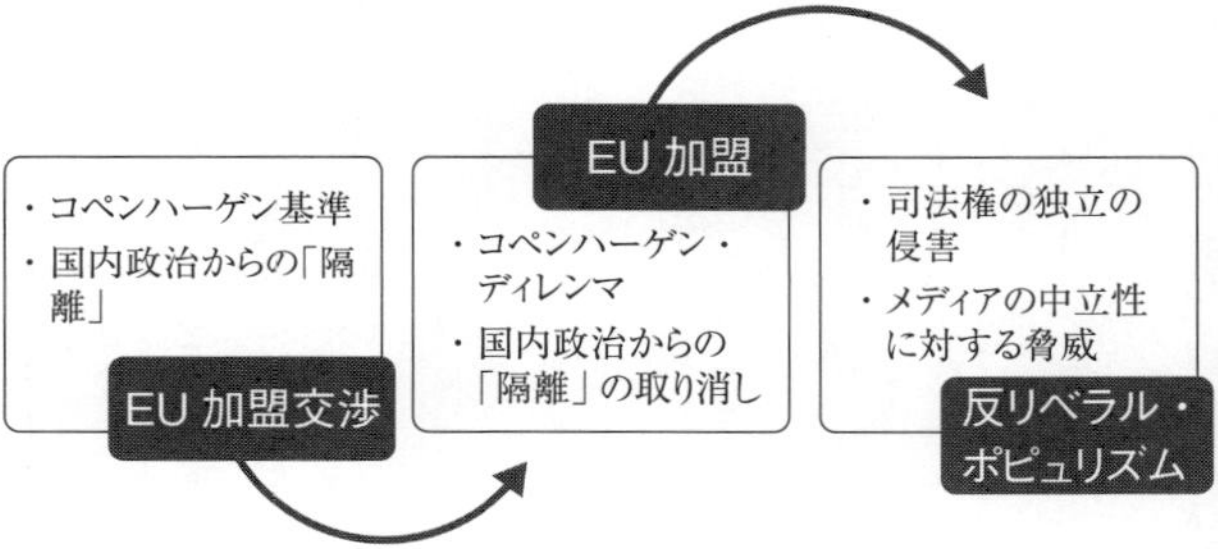


治から「隔離」されていたにもかかわらず、加盟後は国内政治問題として扱われるため、国内政治からは「隔離」されないことになる。反リベラル・ポピュリズムが登場するのは、この局面である。実際に人権・民主主義・法の支配に対する重大な違反が、反リベラル・ポピュリズムの政党が政権に就いているハンガリーとポーランドで発生している。両国では、憲法裁判所をはじめとする司法権の独立を侵害し、また、メディアの中立性を脅かす法改正が現実に行われ、コミッションが対応に苦慮している（第四章参照）。

ハンガリーとポーランドにおけるポピュリズムは、EU加盟を手段とする民主化には限界があることを示している。コペンハーゲン基準とアキ・コミュノテールを受け容れてEU加盟を果たした瞬間から、それ以上改革を行うことや、リベラル・デモクラシーの規範を遵守するインセンティブはほとんど働かなくなる。単に制度や規範を取り入れるだけでは、政治文化を変えることはできない。その結果、反リベラル・ポピュリズムが台頭し、EUとリベラル・デモクラシーを攻撃するようになったのである。このようにして、ハンガリーやポーランドで反リベラル・ポピュリズムが姿を現すようになった。以上の点について、図表3－7を参照されたい。

第四章

# 欧州ポピュリズムはEUに何をもたらすのか

ハンガリー、オルバン首相
(Ondrej Deml / Shutterstock.com)

本章では、欧州各国でポピュリスト政党が台頭すると、EUレベルでどのような悪影響やリスクがあるのかを見る。第一に、欧州のポピュリスト政党がEUの政策決定に影響を及ぼす経路にはどのようなものがあるのかを、EUルートと国内ルートに分けて検討し、欧州ポピュリズムがどのようにしてEUの政策決定を歪曲し、あるいは麻痺させるリスクがあるのかを考える。第二に、加盟国におけるポピュリスト政党の存在が欧州議会内の党派政治にどのような影響を与えているか、また、それが逆に加盟国の国内政治にいかなる結果をもたらしているのかについて考察する。第三に、加盟国で行われる国民投票が、どのようにポピュリスト政党に利用される可能性があるのかについて述べる。

## 1 欧州ポピュリズムがEUの政策決定に「侵入」する経路

### †EUルート

EU加盟国のポピュリスト政党がEUの政策決定に影響を及ぼすルートとして、第一に欧州議会での議席獲得（欧州議会ルート）、第二に加盟国政権への参加によりポピュリスト政治家が首脳または閣僚として、欧州理事会（ＥＵ首脳会議）や閣僚理事会の意思決定に加わること（政府間ルート）が考えられる（図表４‐１）。

**図表 4-1　ポピュリスト政党と EU 諸機関**

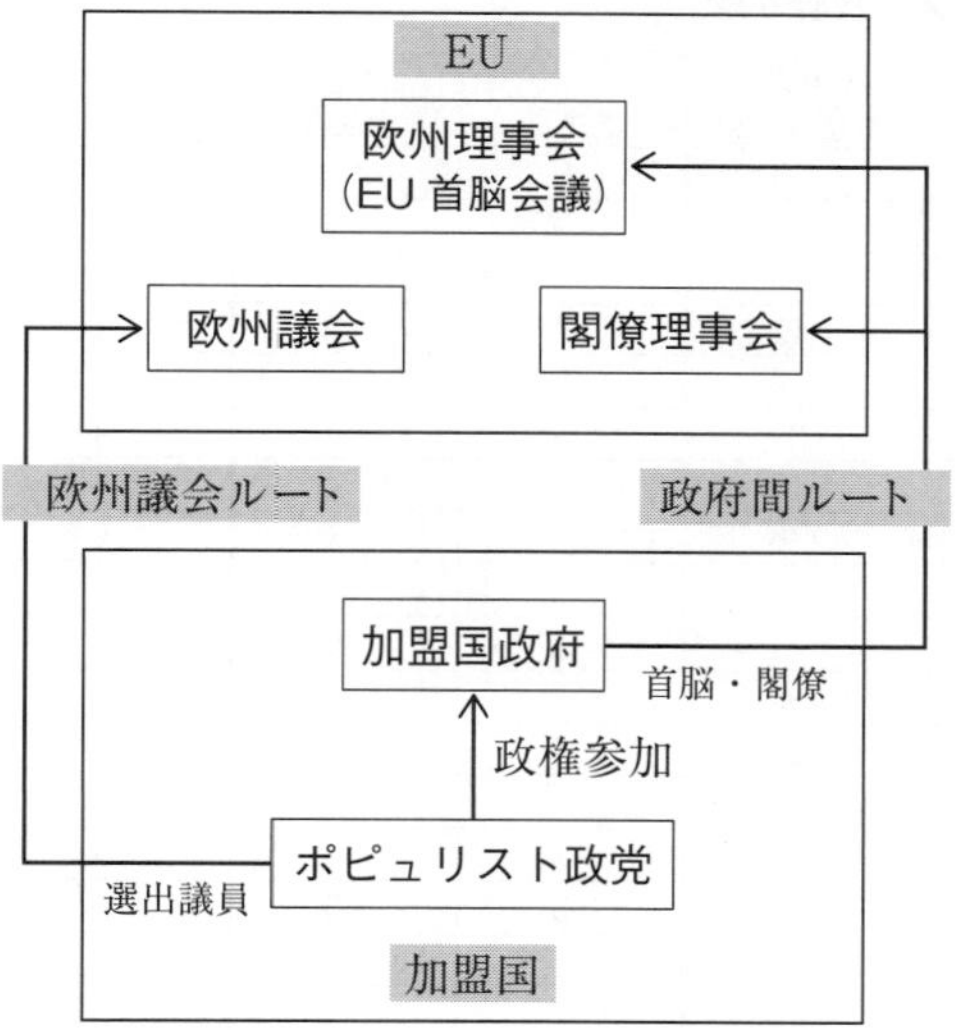


第一の欧州議会ルートについては、二〇一四年選挙でポピュリスト政党をはじめとする欧州懐疑派政党が躍進した結果、彼らが総議席七五一のうち二二〇（全体の二九・三％）を占めている（図表４‐２）。フランスの「国民戦線」（ＦＮ）、「イギリス独立党」（ＵＫＩＰ）および「デンマーク国民党」（ＤＦ）は、それらの国の政党のうち最多議席を獲得している。しかし、これらの政党は、ポーランドの与党「法と正義」（ＰｉＳ）が属

## 図表4-2　2014年欧州議会選挙と欧州懐疑派政党（ポピュリスト政党を含む）

| EU加盟国 | 欧州議会国別定数 | 左派議席数 | 右派議席数 | 合計議席数 |
|---|---|---|---|---|
| オーストリア | 18 | 0 | 4 | 4 |
| ベルギー | 21 | 0 | 1 | 1 |
| ブルガリア | 17 | *— | 2 | 2 |
| クロアチア | 11 | — | 1 | 1 |
| キプロス | 6 | 2 | 0 | 2 |
| チェコ | 21 | 3 | 1 | 4 |
| デンマーク | 13 | 1 | 4 | 5 |
| エストニア | 6 | — | 0 | 0 |
| フィンランド | 13 | — | 2 | 2 |
| フランス | 74 | 3 | 23 | 26 |
| ドイツ | 96 | 7 | 8 | 15 |
| ギリシャ | 21 | 8 | 4 | 12 |
| ハンガリー | 21 | — | 15 | 15 |
| アイルランド | 11 | 3 | — | 3 |
| イタリア | 73 | 3 | 22 | 25 |
| ラトヴィア | 8 | — | 2 | 2 |
| リトアニア | 11 | — | 3 | 3 |
| ルクセンブルク | 6 | — | 0 | 0 |
| マルタ | 6 | — | — | — |
| オランダ | 26 | 2 | 6 | 8 |
| ポーランド | 51 | — | 23 | 23 |
| ポルトガル | 21 | 4 | — | 4 |
| ルーマニア | 32 | 0 | 0 | 0 |
| スロヴァキア | 13 | — | 3 | 3 |
| スロヴェニア | 8 | 0 | 0 | 0 |
| スペイン | 54 | 12 | — | 12 |
| スウェーデン | 20 | 1 | 2 | 3 |
| イギリス | 73 | 1 | 44 | 45 |
| **総計** | **751** | **50** | **170** | **220** |

* 該当する政党が存在しないことを示す。

出典：Sara B. Hobolt, "The 2014 European Parliament Elections: Divided in Unity?", *Journal of Common Market Studies*, Vol. 53, Annual Review, 2015, p. 13 (Table 2) に依拠して、一部修正の上作成

する「欧州保守・改革グループ」（ECR）、UKIP、イタリアの「五つ星運動」（M5S）などが加わる「欧州自由・直接民主主義グループ」（EFDD）、フランスの国民戦線、オーストリアの「自由党」（FPÖ）、オランダの「自由党」（PVV）などが参加する「民族・自由欧州」（ENF）などに分かれているため、欧州議会の活動においてほとんど影響力を持っていない。

しかし他方で、ポピュリスト政党に対抗するため、第一党で中道右派の「欧州人民党グループ」（EPP）、および、第二党で中道左派の「社会民主進歩同盟グループ」（S&D）が法案ごとに「大連立」を組むことが多くなり（議決の七五％以上と言われる）、有権者から見て両政党グループの違いがわかりにくいと言われている。これは、ポピュリスト政党が主要政党を批判する際に好都合となっている。また、ポピュリスト政党は欧州議会に議席を有することで、国内政治において正当性を主張することに利用したり、広報に活用したりすることによって利益を得ていると言われる（Von Ondarza 2016）。

第二に、ポピュリスト政党がEUの政策決定に影響を及ぼす政府間ルートについては、ポピュリスト政党が各国で単独政権を形成すること、連立政権に参加すること、あるいは少数与党政権に閣外協力することで（図表4-3）、それらの国の対EU政策に直接影響を

## 図表4-3　EU加盟国におけるポピュリスト政党（欧州懐疑派）の政権参加

| 国名 | 政党名 | 選挙日 | 得票率 | 獲得議席 | 政権参加 |
| --- | --- | --- | --- | --- | --- |
| リトアニア | 秩序と正義 | 2012/10/14* | 7.3% | 11/141 | 連立 |
| ハンガリー | フィデス | 2014/04/06 | 44.9% | 117/199 | 単独政権 |
| ラトヴィア | 国民同盟 | 2014/10/04 | 16.6% | 17/100 | 連立 |
| フィンランド | フィン人党 | 2015/04/19 | 17.7% | 38/200 | 連立 |
| デンマーク | デンマーク国民党 | 2015/06/18 | 21.1% | 37/179 | 閣外協力 |
| ポーランド | 法と正義 | 2015/10/14 | 37.6% | 235/460 | 単独政権 |
| スロヴァキア | スロヴァキア国民党 | 2016/03/05 | 8.6% | 15/150 | 連立 |
| オーストリア | オーストリア自由党 | 2017/10/15 | 26.0% | 51/183 | 連立 |
| チェコ | ANO | 2017/10/20-21 | 29.6% | 78/200 | 少数政権 |

* 2016年10月9日総選挙で議席を減らして野党となっている。

出典：Nicolai von Ondarza, "Euro-sceptics in Power", *SWP Comments* 17, April 2016, pp. 1-8 at 5, Table 1に依拠して筆者作成、一部修正

及ぼすことができる。また、そのような加盟国の政府から、ポピュリスト政党に属する首脳や閣僚が欧州理事会や閣僚理事会に出席することにより、EU内で統合に向けたコンセンサス形成を妨げることが可能となる。とくに半年交替の輪番制をとる閣僚理事会の議長国は任期中の議題設定を担当するため、ポピュリスト政党が政権に就いている加盟国が議長国を担当する場合、コミッションや他の加盟国を牽制することが可能となる。実際にオルバン政権のハンガリーが二〇一一年前半の議長国を担当したときに、コミッション（欧州委員会）は、法の支配や民主主義に基づいてハンガリーを追求する矛先を鈍らせたと言われる（Batory 2014）。しかし、法案成立や意

思決定をブロックするようなことは、これまでのところ、生じていない（Von Ondarza 2016）。とはいえ、今後、各国のポピュリスト政党がそれぞれの政権内で主要な地位を占めるようなことがあれば、ＥＵの活動が麻痺するような事態が生じるかもしれない。

### †国内ルート

ポピュリスト政党が欧州議会に議席数をあまり有していない場合や、自国の政権に関与していない場合でも、国内の選挙において既存の主要政党が政権を維持または獲得するために、ポピュリズム寄りの排外主義的な主張や政策へと変節する場合がある。

たとえば、二〇一七年三月一五日にオランダで行われた総選挙を前にして、世論調査で劣勢が伝えられていた中道右派の「自由民主国民党」（ＶＶＤ）のルッテ首相は、移民に対する厳しい姿勢をとることを表明した。一月二二日の新聞数紙の全面広告でルッテ首相は、オランダ社会への統合を拒んだり、反社会的な振る舞いをしたりする人々に対し、「われわれは自分たちの価値観を積極的に擁護しなければならない」、「正常に振る舞えないのであれば、出て行け」というメッセージを掲載したのである。これは、ポピュリスト政党である「自由党」（ＰＶＶ）のウィルダース党首が主張する反移民および反イスラムの政策を批判しつつも、反移民感情を強める有権者の支持を集めるためのものであった。

また、ドイツでは、すでに述べたとおり、メルケル首相が二〇一五年欧州難民危機において難民に寛容な「門戸開放政策」をとったことにより、大量の難民が流入した。この点を激しく批判した「ドイツのための選択肢」(AfD)が二〇一七年九月二四日のドイツ連邦議会選挙で第三党となった一方で、メルケル首相が率いる「キリスト教民主・キリスト教社会同盟」(CDU/CSU)は第一党を維持しつつも議席を大幅に減らすこととなった。この結果を受けて、メルケル首相はバイエルン州の保守的な姉妹政党CSUの求めに応じ、緩やかな形ながら難民受け容れの「上限」を年間二〇万人とすることで合意した(ただし、二〇一五年欧州難民危機のような、人道的危機の場合には「上限」が引き上げられる、とされている)。二〇一八年二月の「社会民主党」(SPD)との大連立合意でも、難民受け容れは一八万人から二二万人の範囲に設定されている。

さらに、二〇一七年一〇月一五日に行われたオーストリア議会選挙でも、三一歳のクルツ党首が率いる中道右派の「国民党」(ÖVP)が移民・難民政策の厳格化を主張して支持を集め、得票率三一・四七%を獲得して第一党となった。第二党は中道左派の「社会民主党」(SPÖ)で二六・八六%となった。移民・難民の排斥と反イスラムを唱える極右政党の「自由党」（FPÖ）は二六％で第三党となった。ÖVPは選挙前に大連立を組んでいたSPÖではなく、今回はFPÖと連立政権を組んでいる。極右のFPÖは、シュトラッヘ党首が副首相となるとともに、国防相や内務相などのポストを獲得している。

このように、各国で反移民・難民を主張するポピュリスト政党に押されて、政権与党が移民・難民政策を厳格化する傾向にある。そのため、EUレベルでも政府間ルートで移民・難民政策がその方向に影響を受ける可能性が高くなっている。

しかも、EUへの移民・難民の流入が続いているため、その発生源である中東やアフリカでの紛争や貧困がやまない限り、移民・難民のインセンティブが存続する。EUは周辺国での紛争や貧困の解決に一層取り組むとともに、共通の国境管理政策を緊急に強化することが求められている。他方で、基本的人権を共通の価値として位置づけるEUとしては、流入した移民・難民に対する人道的な保護をすべての加盟国において確保する必要がある。EUは、従来、アウトプット（政策結果）により正当性を維持してきたが、移民・難民問題などで対応に苦慮したため、それが揺らいでいる。排外主義的なポピュリズムを抑えるためには、それを早急に立て直すことが求められている。

## 2 欧州議会内の党派政治と欧州ポピュリズム

### †欧州議会と反リベラル・ポピュリズム

法の支配、人権および民主主義というEUの基本的価値に反する行為が加盟国で行われているにもかかわらず、EUはそれに直接介入する手立てがないという状況に直面している。ハンガリーおよびポーランドにおける権威主義的なポピュリスト政権は、民主主義には従うが、個人の自由な活動領域をできる限り確保しようとするリベラリズムには反対する「反リベラル・ポピュリズム」を追求している（第一章参照）。それらの政権が国内の司法権の独立やメディアの多元性を損なうとしても、EUがそれに対抗できる実効的な手段がほとんどない。EUの憲法に当たる基本条約には、EUの基本的価値（EU条約第二条に規定された民主主義、人権、法の支配など）に対して重大な違反が加盟国で発生する場合に発動される、「権利停止手続」（第二章参照）が存在する。しかし、その最終的な発動には、（違反国を除く）全会一致が必要である。そのため、これまで実行されたことはない。コミッションは、権利停止手続を補うため、重大な違反のおそれがある加盟国との対話に基づく評価、勧告および監視から成る「法の支配枠組み」（第二章参照）を導入したが、強制力に欠けるため、十分に機能しているとは言えない。このような状況に対する責任の一端が、実は欧州議会にあると指摘される。

### †なぜEUはハンガリーの反リベラル・ポピュリズムを容認するのか

ハンガリーのオルバン首相は、一九九八年から二〇〇二年に在職していた頃にはハンガリーの民主主義を向上させてEU加盟へと導いた政治家であった。その後選挙で敗北して下野したものの、二〇一〇年にオルバン氏が党首を務める政党「フィデス」（Fidesz）が選挙で大勝し、「キリスト教民主人民党」（KDNP）との連立により一院制議会で総議席数の六八％を獲得した。それは憲法改正に必要な議席数（三分の二以上）を確保したことを意味した。その結果、オルバン首相は政権に返り咲くや、二〇一一年までに憲法「改正」を一二回行った後、その年の四月に新憲法として「基本法」を制定するに至った（二〇一一年憲法）。オルバン政権は、とくに権力基盤を強化するため、独立の機関を弱体化させることを狙った。

なかでも、憲法裁判所を弱体化させる「改革」が行われた。第一に、裁判官の任命手続を改正した。従来は議会内の各政党から一人の代表で構成される特別委員会が裁判官を指名し、本会議の三分の二の多数で選出される手続きをとっていたが、議席数に応じて任命される議院委員会が指名し、本会議の過半数により選出される手続きに変更された。その結果、政権与党が野党と協議することなく裁判官を任命することができるようになった。第二に、憲法「改正」により憲法裁判所の裁判官を一一人から一五人に増員し、与党寄りの裁判官を送り込むことができるようにした。第三に、二〇一三年の憲法「改正」で、二〇年以上に及ぶ憲法裁判所判例法を無効とするとともに、憲法改正について審査する権限が(手続問題を除き)廃止された。

また、司法部を統制する権限が政治任命される国家司法庁長官に集中させられ、長官は(たとえば政治家が絡むような)事件を担当する裁判所を変更することができることとされた。

これらに加えて、二〇一一年憲法(およびその後の改正)により、政府がデータ保護監督官や中央銀行などの独立の機関に対して、政治的コントロールを及ぼすことができるようにした。また、ジャーナリストに対しても、規制当局がバランス、正確性や客観性などに欠ける報道内容であるとみなす場合には、罰則を科すことにより報道を萎縮させるようなメディア規制を導入した。さらに、与党に有利な選挙法改正を行い、政権維持を図った(Kovács & Tóth 2011)。

以上の点に対し、EUのコミッションなどからの指摘と影響力行使により、国家司法庁長官の事件移送権限は削除され、中央銀行の独立性を確保するような措置がとられることとなった。また、メディア規制についても見直しが加えられた。さらに、データ保護監督官の独立性については一部改善がなされたが、コミッションは不十分とみなし、EU司法裁判所に提訴した(第二章5「EU司法裁判所への提訴――権利停止手続の代替手段?」参照)。その結果、ハンガリーはEUの個人データ保護法(指令)に違反しているとの判決が下された。しかし、ハンガリー政府に更迭されたデータ保護監督官は補償金を与えられたものの、復職はならなかった。

また、コミッションは、裁判官等の定年退職年齢を七〇歳から六二歳に引き下げる法改正がEU雇用機会均等指令に違反しているとして、ハンガリーを相手取ってEU司法裁判所に提訴した。この事件でもEU側が勝訴し、EU法違反の是正という形で成功を収めた。しかし、早期退職させられた裁判官二七四人の復職が認められたのは空席がある場合のみで(後任に与党フィデスに忠誠を表明する法曹がすでに就任していた)、復職を求めない場合に限って補償金を受け取れるとされた（Batory 2016）。

このように、個別のEU法違反としてEU司法裁判所に提訴するだけでは、法の支配や多元主義に対するシステミックな攻撃を止めることができなかったのである。それにもかかわらず、EU加盟国首脳は、「法の支配枠組み」（第二章5）を発動することを拒否した。後述するとおり、こうした対応はポーランドに対するものと対照的であった。ハンガリーに対するEUの微温的な態度は、欧州議会内での党派政治を見ると説明がつく（Batory 2016）。欧州議会の第一党は各国の中道右派議員が集う「欧州人民党」（EPP）グループであり、七五一議席中二一五議席を占めている。オルバン首相の与党フィデスも欧州議会内でEPPに属し、議席数は一一議席である。これに対して、第二党の「社民党」（S&D）グループは一八九議席を占めている。このように、二大政党グループの勢力が伯仲している中でフィデス党の一一議席はEPPにとって貴重であることがわかる。

二〇一四年三月、EPP党首のジョゼフ・ドール（Joseph Daul）欧州議会議員（フランス選出）は、ハンガリー総選挙キャンペーンで、オルバン首相およびフィデスの応援演説を行っている。また、オルバン首相に近く、憲法「改正」で中心的役割を果たしたイェル・ヨージェフ（Szájer József）欧州議会議員（ハンガリー選出）は、EPPの副議長（vice-chair）

の一人に任命されている。二〇一五年六月、欧州議会がオルバン首相の死刑支持および移民反対の演説を非難し、「法の支配枠組み」の手続きをコミッションに求める決議を可決した際、EPPはオルバン政権を公に支持する態度をとった。また、コミッションは、この欧州議会の決議にもかかわらず、手続きの開始をしなかった。ちなみに、ジャン＝クロード・ユンカー（Jean-Claude Juncker）氏を委員長とするコミッションは、かれを含めてEPP出身者が過半数を占めている。二〇一五年一二月、欧州議会が再度コミッションに対して「法の支配枠組み」の手続きを開始するよう決議した際（EPP所属議員の大多数は反対票を投じた）、コミッションはまたしても「法の支配枠組み」の手続きを開始しないこととした。このように、欧州議会での党派的な政治によりオルバン政権はEPPにより擁護され、また、EPP出身者が委員長と委員の多数を占めるコミッションも「法の支配枠組み」をハンガリーに発動していない（Kekemen 2017）。

さらに、オルバン政権は、ハンガリー出身の投資家ジョージ・ソロス（George Soros）氏が反対勢力を支援することでハンガリーの内政に干渉しているとして、二〇一七年四月「高等教育法」を「改正」することにより、ソロス氏が共同創立した中央ヨーロッパ大学を閉鎖に追い込もうとしている。また、オルバン政権を批判するNGOに対しても、同年六月「国外資金NGO法」を制定して国外から資金支援を受ける活動の妨害を行っている。

欧州議会は二〇一七年五月一七日付決議により、それらの法律を廃止するようハンガリー政府に求めるとともに、ハンガリーの状況が単なる個別のEU法違反でEU司法裁判所に提訴する事案ではなく、人権・民主主義・法の支配に対する重大な違反のリスクが明確に存在する段階にあると表明した。この決議の成立の背景には、それまでオルバン政権を「庇護」してきたEPPがついに業を煮やして自由投票としたことがある。同決議によれば、EU司法裁判所への提訴だけでは、たとえ勝訴しても真の問題解決にはならないことが指摘されている。これに対し、コミッションは一二月七日、「高等教育法」がEU域内市場におけるサービス提供の自由と開業の自由に、また「国外資金NGO法」が資本の自由移動に違反しているとして、EU司法裁判所に提訴した。しかし、権利停止手続の発動には至っていない。このように、ハンガリーに対するEUの対応は依然として微温的なものにとどまっている（Pech & Scheppele 2017）。

オルバン首相は、二〇一四年七月、中国、ロシアやトルコを引き合いに出して、ハンガリーが「反リベラル国家」を建設している、と言明した（Orbán 2014）。また、EUからハンガリーの国民総所得（GNI）の六％を超える多額の財政移転を受けているにもかかわらず、オルバン首相は難民危機の対応についてEU諸機関や他のEU加盟国を非難し、難民割当制を拒否するなど、反EU的立場をとっている。それでも、EUから離脱する気はないようである。

### †ポーランドの反リベラル・ポピュリズムは続くのか

ポーランドでは、二〇一五年一〇月の議会選挙において、ウルトラ保守で権威主義的なポピュリスト政党である「法と正義」(PiS)が四六〇議席中二三五議席を獲得して第一党となった。PiS政権でベアタ・シドゥウォ(Beata Maria Szydło)氏が最初に首相を務めた後、二〇一七年一二月よりマテウシュ・モラウィエツキ(Mateusz Morawiecki)氏が首相に就任している。しかし、実際に政治を動かしているのはPiS党首のヤロスワフ・カチンスキ氏であると言われている。カチンスキ党首は二〇一一年に次のように語っている。

「ヴィクトル・オルバンは、われわれに、どのようにすれば勝てるか模範を示してくれた。……われわれが成功する日が到来すれば、ワルシャワにブダペストができるだろう。」(Buckley & Foy 2016)

しかし、ハンガリーのオルバン政権は議会で憲法改正を可能とする多数派を擁しており、必要に応じて憲法改正を行ってから反リベラルな政策を実行してきたのに対し、ポーランドのPiS政権は憲法改正に必要な議席数を確保していないため、憲法違反のまま反リベラルな政策を導入している。ここに両政権の大きな相違が見られる。

実際に、PiSは政権に就くとすぐに、憲法裁判所の独立性を脅かす行動に出た。選挙前に前政権により指名された裁判官五人を拒否して、新たに政権寄りである五人の裁判官人事を行った。憲法裁判所は前政権が指名した五人のうち三人を有効としたが、PiS政権はその判決を受け容れず、前政権の指名を取り消す決議を行った。さらに、二〇一五年一二月、PiSが多数派を占める議会は、憲法裁判所が扱う事件において、判決には定足数として一五人の裁判官中一三人が陪席する必要があること、判決は三分の二の多数決で行われること、また、事件を受理順に処理しなければならない（すなわち、憲法裁判所が優先順位をつけられない）ことを定める憲法裁判所法の「改正」法案を可決した。二〇一六年三月、憲法裁判所はこの法律を違憲としたが、PiS政権は憲法裁判所がその法律について判断する権限はないとして、判決を承認するのを拒否した。同年七月、ポーランド議会は憲法裁判所法を全面的に「改正」する法案を可決し、翌月施行された。それは前掲「改正」を一部緩和して、ほとんどの事件で憲法裁判所の審理における定足数を一五人中一一人とすること、また、単純過半数により判決がなされることとする一方、事件を受理順に処理することを維持している。この「改正」法が施行される五日前に憲法裁判所は、権力分立と司法権の独立に対する過剰な介入があることを示唆して、同「改正」法を違憲とする判決を下した。しかし、ＰｉＳ政権はこの判決も無視している。

さらに、ＰｉＳ政権は、憲法裁判所の判決（前掲三月と八月の判決を含む）を公表しないという形で妨害を行った。これに対して、二〇一六年四月、最高裁判所の総会が開催され、憲法裁判所の判決は公表されなくとも拘束力を有することを表明する決議を採択した。同年八月には最高行政裁判所が扱う事件において、未公表の憲法裁判所判決が実際に適用されている。

一方、ＰｉＳ政権は公共メディアに対しても政治的コントロールを及ぼす行為に出た。議会は新たな立法により、独立性を有する公共放送理事会から公共メディアに対する権限を剥奪し、公共テレビ放送および同ラジオ放送の経営陣の任免権限を財務大臣に付与することとしたのである。これにより、政府は政権寄りの人物を経営陣に据える人事を行った（Kekemen 2017）。以上のようにして、ポーランド政府は、ハンガリーのオルバン政権と同様の行動に出たのである。

これに対し、コミッションは二〇一六年一月ポーランド政府に対する「法の支配枠組み」を発動し、同年六月に「法の支配意見」、七月には「法の支配勧告」を出すとともに、権利停止手続の開始をちらつかせた。これは、ハンガリー政府に対する対応とは明らかに異なるものであった。その理由として二点指摘することができる。

第一に、ハンガリーのオルバン政権は議会で憲法改正を可能とする多数派を擁しており、必要に応じて憲法改正を行ってから反リベラルな政策を実行してきたのに対し、ポーランドのPiS政権は憲法改正に必要な議席数を確保していないため、憲法違反のまま反リベラルな政策を導入している（Pech & Scheppele 2017）。

第二に、欧州議会でPiSは一八議席を占めるが、ハンガリーのフィデス党が最大政党グループのEPPに所属するのとは異なり、欧州懐疑派で全七〇議席の「欧州保守改革党グループ」（European Conservatives and Reformists）に属する。このため、PiSに対して、欧州議会ではEPPの「庇護」がなかったのである。その結果、二〇一六年四月、ポーランドにおいて法の支配に対する脅威が存在することを認定する決議が圧倒的多数（賛成五一三、反対一四二、棄権三〇）で可決されている。

しかし、ポーランドのPiS政権は、憲法裁判所だけでなく、その後二〇一七年には最高裁判所を含む裁判所の裁判官の任命、解雇、定年延長などについて司法大臣が影響力を行使できるようにする法改正を行っているため、コミッションは権利停止手続に入るという警告を繰り返した。その手続きによりEUでのポーランドの権利が停止されるためには、最終的に欧州理事会の全会一致が必要である。ハンガリーはその場合には拒否権を発動することを明らかにしていたため、コミッションは難しい判断を迫られることになった。

二〇一七年一二月二〇日、ついにコミッションは、ポーランドにおいて法の支配に対する重大な違反のリスクが明確に存在すると結論し、閣僚理事会にその点を認定するよう求めることとした。二〇一八年三月二〇日を期限とする三カ月以内に事態の改善がない場合、欧州議会で三分の二の多数決があれば、閣僚理事会は（当事国を除く二七カ国の）五分の四の多数決で決定を行うことになる。しかし、ポーランドはその後も司法権に政治的影響力を行使できるようにするために可決成立させた改正法を実行に移している。同国はまた、三月八日にコミッションに対して「ポーランドの司法制度改革白書」を提出し、また三月二〇日には回答文書を送付したが、これまでの反リベラルな政策を正当化している。なお、実際にポーランドに対して制裁（閣僚理事会における投票権の停止など）を科すためには、あらためて欧州議会での三分の二の多数決に加えて、欧州理事会での全会一致（当事国を除く二七ヵ国）を必要とする。これに対し、ポーランドのPiS政権の「盟友」であるハンガリーのオルバン首相は引き続き、また新たにバルト三国も、拒否権を発動すると公言している。

## †反リベラル・ポピュリズムとEU

ハンガリーやポーランドのポピュリスト政党が主導する反リベラル政権は、議会で多数派を占めることにより、司法権をはじめとする独立の機関の人事権を政治的に掌握する制度を確立して、自己の政権の存続を図っている。EUのリベラル・デモクラシーに対するこのような脅威は、EUの外部からではなく、むしろ内部の反リベラル・ポピュリズムから来ている。

しかし、ハンガリーやポーランドが反リベラル・ポピュリズムの政権になっていることには、EUの責任が直接間接に絡んでいる。第一に、それらの国がEUに加盟する手続きでリベラルな価値を条件とする交渉が行われたが、コペンハーゲン基準とアキ・コミュノテール（第二章参照）の受容だけではリベラル・デモクラシーを定着させることができなかった点で、EUは間接的に責めを負うことになる。第二に、EUは欧州議会内の党派政治により、反リベラル・ポピュリズムのハンガリー政府を支援する結果となり、その存続に手を貸している。そればかりか、オルバン政権の成功を見てポーランド政府もそれを模倣し、両政府は同盟関係にある。EUは、反リベラル・ポピュリズムに対抗するため、党派政治を抑えるとともに、両国へのEU予算を通じた財政移転を停止するなどの実効的な措置をとる必要がある。

## 3 国民投票と欧州ポピュリズム

### †EU加盟国と国民投票

欧州ポピュリズムの影響は、政治家が単一の争点で直接に国民へ呼びかける国民投票において顕著に表れる。EU加盟国の国民投票も、その例外ではない。EU加盟国のうち、何らかの形でEU関連の国民投票を行うことが法制度的に可能なのは二四カ国である。一九七二年から二〇一六年までに欧州諸国・地域においてEU関連の争点で行われた国民投票は五九件あり、そのうち四四件がEU加盟国で実施されたものである。それら五九件の

## 図表4-4　欧州におけるEU関連国民投票（1972年〜2016年）

| EU関連争点 | 実施国（括弧内はEU加盟国） | EUを支持する投票結果となった国・地域 | EUを支持しない投票結果となった国・地域 |
|---|---|---|---|
| 加盟／拡大 | 24（17） | クロアチア、ラトヴィア、エストニア、チェコ、ポーランド、スロヴェニア、リトアニア、リヒテンシュタイン（×2)、ハンガリー、スウェーデン、マルタ、スロヴァキア、オーストリア、アイルランド、デンマーク、フランス、ルーマニア、フィンランド、オーランド諸島* | スイス（×2）<br>ノルウェー（×2） |
| EU残留 | 3（2） | イギリス | グリーンランド<br>イギリス |
| シェンゲン協定**と関連ルールへの参加 | 5（1） | スイス（×4） | デンマーク |
| 統合の深化（ユーロ導入を含む） | 18（18） | アイルランド（×5)、デンマーク（×3)、フィンランド、ルクセンブルク、スペイン | アイルランド（×2)、フランス、オランダ、スウェーデン、デンマーク（×2） |
| 財政条約***、ユーロ圏救済プラン**** | 2（2） | アイルランド | ギリシャ |
| その他（難民割当、EU・ウクライナ連合協定を含む） | 7（4） | スイス（×2）<br>デンマーク<br>イタリア | スイス<br>オランダ<br>ハンガリー |
| **合計** | **59（44）** | **41（32）** | **18（12）** |

* フィンランド自治領
** 域内国境管理の廃止などを行う取り決め
*** ユーロ圏の財政規律を強化するためのEU枠外の条約
**** 債務危機に直面したユーロ圏諸国を救済するための金融支援制度

出典：Yves Bertoncini & Nicole Koenig, "The EU and referenda: structural incompatibility?", Policy Paper, No. 141, Jacques Delors Institute, September 2015, p. 4

うち、ＥＵを支持する投票結果となったのは四一件（うちＥＵ加盟国が三二件）、また、ＥＵを支持しない投票結果となったのは一八件（うちＥＵ加盟国が一二件）となっている。ＥＵ加盟国での国民投票のみを見た場合のＥＵ支持（三二件）と不支持（一二件）の割合は、それぞれ七二・七％と二七・三％である（図表４－４）。

## †ポピュリスト政党が絡む国民投票

ＥＵ九カ国で行われた世論調査（二〇一七年）によれば、自国のＥＵ離脱を支持する人々は少数であり、多数がＥＵ残留を望んでいる。ＥＵ残留支持は、ポピュリスト政党が政権与党であることや、最近の選挙で台頭していることにかかわらず、ドイツ八八％、スペイン八四％、ポーランド八二％、オランダ八〇％、ハンガリー七七％、フランス七六％、などとなっている（図表４－５）。しかし、ＥＵ残留支持が多数派である一方で、ＥＵ加盟の是非を問う国民投票の実施を求める声も多数を占めている。その数字は、スペイン六五％、フランス六一％、ギリシャ五八％、イタリア五七％、などとなっている。他方、オランダでは五四％がそのような国民投票の実施に反対している（図表４－６）。

昨今、ポピュリスト政党がさまざまな形で影響力を増している中で、最も威力を発揮す

## 図表 4-5　EU 残留と EU 離脱の加盟国別支持率

Brexit 国民投票の後、他の EU 加盟国で EU 離脱支持は少数にとどまっている。

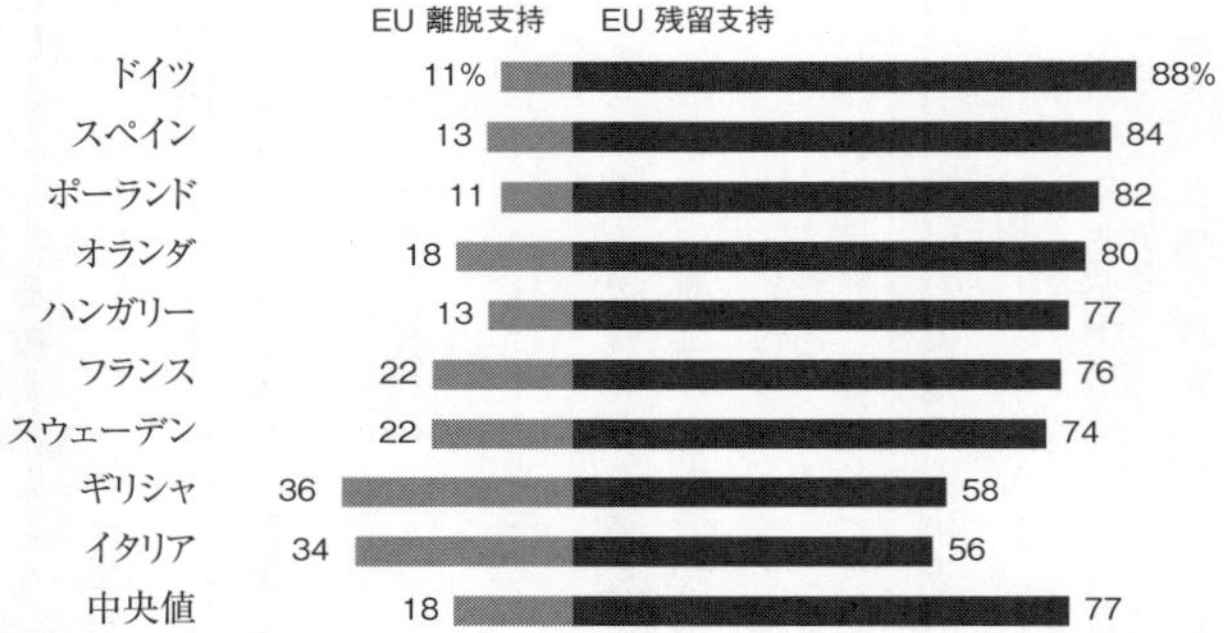


出典：Pew Research Center, “Post-Brexit, Europeans More Favorable Toward EU”, June, 2017, p. 13

## 図表 4-6　EU 加盟の是非を問う国民投票の実施に対する加盟国別支持率

自国の EU 加盟の是非を問う国民投票を実施することに対する支持は多い。

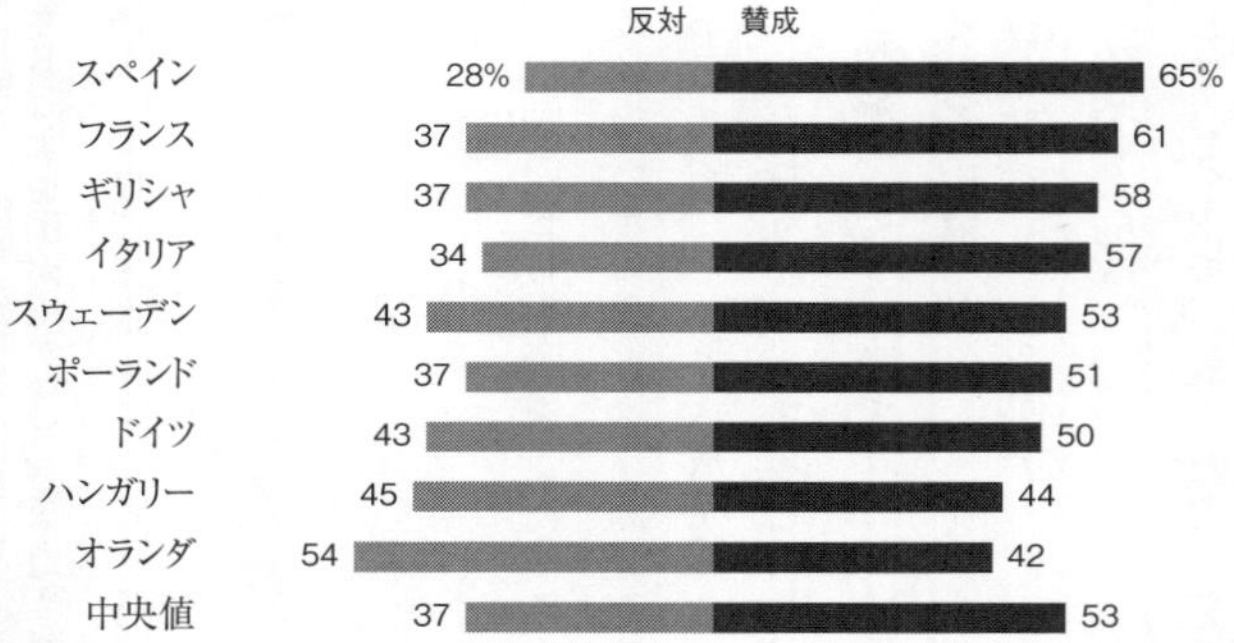


出典：Pew Research Center, “Post-Brexit, Europeans More Favorable Toward EU”, June, 2017, p.14

るのが、ＥＵが関連する争点をめぐって行われる国民投票である。ポピュリスト政党が絡む国民投票には大別して二つのタイプが存在する。

第一は、ＥＵ離脱の是非それ自体を問う国民投票である。その例として、イギリスのＥＵ離脱（Brexit）をめぐる国民投票がある。そのときには「イギリス独立党」（ＵＫＩＰ）の離脱キャンペーンが功を奏し、離脱多数へと導くことに成功した。ただ、イギリス以外のＥＵ加盟国で、国民投票によりBrexit型のＥＵ離脱が起こる可能性はほとんどないと思われる。

しかし、第二のタイプの国民投票として、ＥＵの単一の政策を争点として実施されるものがある。それは加盟国がＥＵから全面的に離脱するのではなく、ＥＵの政策を選り好みする「部分離脱」の試みであると言える。その例として、（イ）ＥＵの緊縮政策の受け容れの是非をめぐって二〇一五年に実施されたギリシャの国民投票、（ロ）ＥＵの義務的な難民割当の受け容れの可否を争点として二〇一六年にハンガリーで行われた国民投票、（ハ）ＥＵ・ウクライナ連合協定の批准の可否を争点として二〇一六年に行われたオランダの国民投票がある。今後も、ＥＵの個別の立法や協定に対して、国民投票を手段として拒否することが増えるかもしれない。そのような場合、ＥＵとしては当該加盟国に政治的プレッシャーをかける一方、コミッションが当該加盟国を義務不履行訴訟（第二章5参照）でEU司法裁判所に提訴することなどに対応が限られる。

### †イギリス独立党（UKIP）とBrexit国民投票

イギリスですでに一九七五年（当時の欧州経済共同体EECに加盟した翌々年）に、労働党政権の下でEU加盟存続の是非について国民投票が実施されている。そのときは投票率が六四%で、賛成約六七%、反対約三三%という結果が示されて、イギリスのEU残留が決まった。二〇一六年六月二三日の国民投票は、保守党政権の下で行われた。

デイヴィッド・キャメロン（David Cameron）イギリス首相（当時）は、二〇一三年一月二三日の演説において、二〇一五年総選挙で保守党が勝利するならば、イギリスのEU離脱（Brexit）の是非を問う国民投票を二〇一七年末までに実施すると公約した。同首相は、ポピュリスト政党である「イギリス独立党」（UKIP）のナイジェル・ファラージ（Nigel Farage）党首が欧州懐疑主義的な政策を主張することにより保守党の支持基盤を侵食していることを憂慮し、それが背景となって国民投票を仕掛けることに決めたと言われている（Pappas 2016）。

保守党は二〇一五年五月七日の総選挙で三六・九％の得票率により六五〇議席中三三一議席を獲得して、下院の単独過半数を占めた。他方、ＵＫＩＰは、同じ総選挙で得票率を一二・六％とし、自由民主党を抜いて得票率三位となったが、小選挙区制のため下院六五〇議席のうち一議席を占めるにとどまった。なお、国民投票後の二〇一七年六月八日に行われた総選挙では、ＵＫＩＰは得票率一・八％にとどまり、議席を失っている。

その後、キャメロン首相は、ＥＵと交渉してイギリスが望む形にＥＵを改革することにより権限を奪還する一方、その成果を国民に示すことでＥＵ残留を確保しようとした。とくにイギリス国民はポーランドなどからの域内移民労働者の急激な流入（たとえば二〇一四年だけでポーランド人八四万三〇〇〇人がイギリスに移住した）を懸念していた。そこで、ＥＵはキャメロン首相に協力して、イギリスのＥＵ残留を促すため、域内移民労働者の流入に対するセーフガードなど、ＥＵの基本政策を一部変更する「イギリス・ＥＵ改革合意」をまとめた。しかし、それは保守党内の欧州懐疑派議員だけでなく、国民の多数からも十分であるとは評価されなかった。

二〇一六年六月二三日に行われた国民投票では、ＥＵ残留を望むキャメロン首相の訴えもむなしく、ＵＫＩＰの看板政策であるBrexitが支持され、ＥＵ離脱の「民意」が示された。UKIPは、かれら自身がEUや移民などの外部勢力に国を売り渡さない唯一の勢力であると主張し、また、既成の政治勢力がイギリスの文化とアイデンティティを危険にさらしていると批判して、反EU、反移民、反既成政党（反エリート）を掲げた。UKIPがイギリスで勢力を伸張した理由として、欧州懐疑派であること、すなわち反EUが決定的であったと言われている。

その理由として三点が指摘される。第一に、EUがとりわけ象徴的な外部脅威として描かれ、経済の低調や域内移民（EU域内からの労働者）の流入についてスケープゴートにすることができた。これにより、UKIPは「EUから離脱すれば、すべてがうまくいく」と主張して、単純な選挙スローガンにより複雑な政治問題を解決することができるとした。

第二に、EUを主要な問題とすることで、すべての既成政党（ほとんどがEU加盟支持）が「庶民」の利益を売り渡していると非難することができた。反EUの主張により、UKIPはナショナリズムを反エリートの主張と融合させることに成功したのである。

第三に、UKIPは、さまざまな不安を抱える有権者を反EUの主張の下に惹きつけて結集することができた。かれらすべてにとってEUが主要な懸念であるというわけではないとしても、UKIPはEUをイギリスの最大の国内問題である移民と経済の根本原因であると説得することに成功したのである（Lochocki 2015）。

ところが、そのような主張は必ずしも正しいものとは言えなかった。イギリスに対する経済上の不利な影響はEU統合に起因するというよりも、対中国貿易上の競争にさらされた結果であると指摘されている。また、ポーランドなどから域内移民が多数流入したことは事実であるが、イギリスの福祉制度を目当てに来ているという点については、域内移民はイギリス国民よりも社会給付を受け取る割合や公営住宅を利用する件数が少ないこと、また、域内移民の納税額が社会給付等のコストをはるかに上回っていることが明らかにされている。

しかし、いずれにせよ、UKIPの主張は、とくに保守党の支持基盤を侵食して、UKIP支持率を増大させていった。保守党は二〇一二年から二〇一三年前半にかけて、親EU政党になったわけではないが、欧州懐疑的な立場を大きく変更し、以前よりもずっとEU寄りの姿勢を示すようになった。キャメロン首相は二〇一〇年に「私は欧州懐疑主義者だ」と明言していたが、二〇一二年には個人的にはイギリスがEUにとどまるべきだと考えていると明らかにしている。二〇一三年前半には、キャメロン首相は、イギリスがEUを改革して残留すべきであると繰り返し主張し、他の保守党政治家たちもこのスタンスを

## 図表4-7　保守党の立場とUKIP支持率の関係

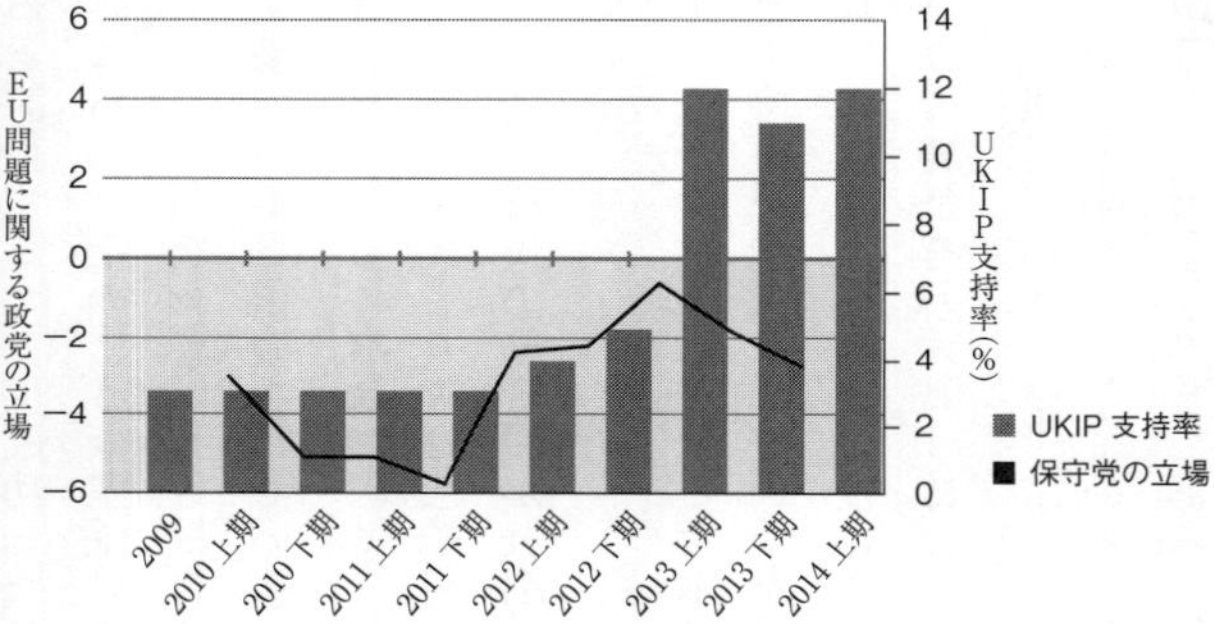


出典：Timo Lochocki, "The Unstoppable Far Right? How established parties' communication and media reporting of European affairs affect the electoral advances of right-populist parties", GMF Europe Policy Paper 4/2014, p.19

支持するようになった。この結果として、UKIPがはじめて有権者の支持を著しく伸ばしたのである。すなわち、UKIP支持率の上昇は、同じ期間における保守党の立場がEU寄りに変化したことと重なっている。図表4-7を見るならば、棒グラフに示されるUKIP支持率（右縦軸の数値）は、二〇〇九年から二〇一一年まで約三%で推移していたが、二〇一二年には五%に上昇し、二〇一三—一四年は一二%前後に達している。他方、折線グラフは新聞で報道された保守党の欧州問題に対する立場の変化を示しているが（左縦軸の数値が大きいほどEU寄りであることを示す）、保守党がEU寄りに立場を変化させると（左縦軸の数値がマイナスからゼロに近づくと）、その後にUKIPの支持率が上昇するという正の相関関係が全般的傾向として見られたのである（Lochocki 2014）。

ポピュリスト政党は、国内政治プロセスに対して必ずしも直接的に影響を及ぼすことはないとしても、間接的に影響を与え、侵食効果を持ちうる。UKIPの例はその点を如実に示している。すなわち、UKIPの勢力増大はイギリスのEU離脱という結果を招いたが、これはポピュリストが政権に入り込まなくても、また、最も支持を受ける政党にならなくとも、政治的な目標を達成することができる場合があることを警告するものとなっている（Boros *et al* 2017）。

## †EUからの「部分離脱」を問う国民投票①——二〇一五年ギリシャ（EU緊縮政策）

二〇〇八年秋のリーマン・ショックによる世界金融危機は、欧州債務危機（ユーロ危機）という形でEUに波及した。二〇一〇年五月以降、ギリシャをはじめとして、アイルランド、ポルトガル、スペイン、キプロスが過剰な財政赤字、不動産バブルの崩壊、銀行危機などに直面したため、EUとIMFから金融支援を受けることとなった。これらの金融支援は厳しい緊縮策を条件としていたが、その後、二〇一三年一二月にはアイルランド、二〇一四年一月と六月にはスペインとポルトガル、また、二〇一六年三月にはキプロスが金融支援プログラムを終えることができた。しかし、ギリシャだけが金融支援から脱却することができなかった。

危機の発端となったギリシャでは、金融支援の条件である緊縮策に対する不満が増大していた。金融支援と引き換えに約束させられた公務員の削減や年金の引き下げなどによる国家予算の歳出カットに対して、ギリシャ国民の不満が蓄積していたからである。その結果、二〇一五年一月の総選挙で緊縮策に反対する「急進左派連合」（SYRIZA）が勝利し、アレクシス・チプラス（Alexis Tsipras）首相が誕生するに至った。

雇用や社会保障の復活を公約したチプラス首相は、ユーロ圏諸国に緊縮策の緩和を求めた。二〇一五年五月から六月にかけて、七二億ユーロ（約一兆円）の融資をめぐってユーロ圏諸国を中心とする債権団とギリシャとの交渉が難航していた。日本の消費税に相当する付加価値税（VAT）の軽減税率の適用範囲を縮小することや、年金の引き下げなどで対立し、合意に達することができなかった。ギリシャのチプラス政権は数字の交渉よりも、ドイツなどの主要国から債務減免を受ける政治的解決を望んでいた。しかし、ドイツをはじめとする債権国の納税者がそのようなことを認めるはずがなかった。

チプラス首相は事態を打開するため、民意を問う決断をし、七月五日国民投票を実施した。それは、ギリシャ国民がユーロ圏から要求された緊縮策に"Oxi"（No）を突きつける結果となった。これを受けて、チプラス政権はEUとの緊縮策見直し交渉に臨んだ。しかし結局のところ、失敗に終わり、ギリシャはデフォルト寸前まで追い込まれた。チプラス首相は、債務削減を実現できないばかりか、新たに三年間で最大八六〇億ユーロの金融支援を受けるため、二〇一六年に基礎的財政収支を黒字化し、一八年までに黒字幅をGDP比三・五％にすること、年金改革を実行すること、五〇〇億ユーロ規模の国有財産を年内に新設する民営化基金へ売却することなど、ドイツをはじめとするユーロ圏諸国が要求する厳しい緊縮策を呑まざるを得なくなった。

ギリシャは、EUやユーロから「全面離脱」する意図はなく、緊縮策に対する条件闘争の手段として国民投票を利用したのであるが、そのような「部分離脱」の戦略は功を奏さなかった。むしろ、ギリシャ国民は緊縮策に引き続き打ちひしがれることとなった。

## †EUからの「部分離脱」を問う国民投票②――二〇一六年ハンガリー（EUの難民割当）

二〇一五年にシリアなどから大量の難民がEU内に流入した欧州難民危機において、流入経路となったギリシャとイタリアの負担を軽減するため、EUは両国に滞留する難民を他の加盟国に割り当てることとした。二〇一五年九月、当初四万人分については各国が自発的に受け容れることで合意した。しかし、追加の一二万人については閣僚理事会でコンセンサスが得られず、特定多数決（加盟国数の五五％以上かつEU全人口の六五％以上で成立する）による投票が行われ、ハンガリー、チェコ、スロヴァキア、ルーマニアが反対、フィンランドは棄権したが、決定が成立した。これらの決定は二〇一七年九月まで適用されることになっていた。ハンガリーはその決定で同国にいる難民を他の加盟国に移送することができる受益国であったが、それにもかかわらず反対に回った。その結果、一二万人分については事実上強制的に割り当てられることとなった。なお、イギリス、アイルランドおよびデンマークは、この政策分野からオプトアウトしているため、割当が行われなかった。

これに対し、二〇一六年二月二四日、ハンガリーのオルバン首相は、EUからの強制的な難民割当を受諾するかどうかについて国民投票を実施することを表明した。同年一〇月二日に行われた国民投票では、難民割当に対する反対が九八・三六％で圧倒的多数を占め、賛成は一・六四％に過ぎなかった。しかし、投票率が四四・〇四％にとどまり、国民投票が成立するのに必要な五〇％に達しなかったため、今回の国民投票は不成立という結果となった。

その後一〇月七日、ユンカー・コミッション委員長は、加盟国がＥＵの決定に同意できないことがあるたびに、それに反対するため国民投票を実施するならば、ＥＵを運営し、治めることはできなくなる、と述べて懸念を表明した。もしハンガリーの国民投票が難民割当に反対する形で成立していたならば、ポーランド、チェコ、スロヴァキアなどの他の加盟国も追随して国民投票を実施したかもしれない。このように、ＥＵレベルで自国の反対にもかかわらず成立した決定（今回の場合、閣僚理事会の特定多数決で可決された法案）に対して事後にあらためて反対し、それを覆すために国民投票に訴えることは、ポピュリスト政党にとって非常に強力な手段となり得る。

なお、二〇一五年一二月二日と三日、スロヴァキアとハンガリーはそれぞれ、難民割当の決定の取り消しを求めてＥＵ司法裁判所に訴えを提起したが、二〇一七年九月六日付判決で敗訴している。逆に、コミッションは二〇一七年一二月七日、ハンガリー、チェコおよびポーランドを難民割当の受け容れ義務に違反しているとしてＥＵ司法裁判所に提訴している。

## †EUからの「部分離脱」を問う国民投票③——二〇一六年オランダ（EU・ウクライナ連合協定の批准）

オランダの二〇一五年諮問的国民投票法によれば、公布された法律について三〇万人以上の要請に基づき、国民投票が実施される。国民投票は諮問にすぎず、法的拘束力を有しない。しかしそれにもかかわらず、三〇％以上の投票率という低いハードルで、過半数の賛成があり、政府がその結果を尊重する場合、その法律は無期限に停止される。議会はそれを受けてその法律を取り消すか、または新たな法律を制定しなければならない。

ＥＵの「連合協定」とは、相手国と自由貿易を含むさまざまな分野で包括的な協力関係を定める条約をいう。ＥＵがウクライナと締結した連合協定を批准する法律は、すでにオランダ上下両院で承認され、二〇一五年七月八日に施行されていた。それにもかかわらず、右派左派にまたがる反ＥＵ政党や市民団体がＥＵ・ウクライナ連合協定を批准する法律への賛否を問う国民投票の実施を求めた。その中には排外主義・ポピュリズムの「自由党」（ＰＶＶ）も含まれていた。

四〇万人以上の要請があったことに基づき、二〇一六年四月六日国民投票が実施された。投票率は三二・三％あり、反対六一％、賛成三八・二％であった。ルッテ政権がその結果を尊重することとしたため、その法律は停止された。それは、ＥＵ・ウクライナ連合協定の正式発効をオランダ一国が止めるという事態となった。その結果に対して自由党のウィルダース党首は、ツイッターで「ＥＵの終わりの始まり」と評し、欧州のエリートに対する不信任を意味すると吹聴した。

こうした事態に対処してオランダがあらためてＥＵ・ウクライナ連合協定を批准するため、まず二〇一六年一二月一五日、ＥＵ首脳はＥＵ・ウクライナ連合協定に関する共通了解として、同協定がウクライナにＥＵ加盟の道を開くものではないことなどを内容とする決定（法的拘束力を有する）を行った。それを受けてオランダ政府は、あらためて同協定の批准を確認する法案を議会に提出した。オランダの下院は二月、上院は五月にその法案を可決し、六月に批准手続が終了した。この結果、ＥＵとして同協定を発効させることができたのである。ポピュリスト政党が加担した国民投票の実施により、ＥＵ・ウクライナ連合協定の正式発効は約二年間遅れ、ＥＵの対ロシア外交・安全保障にも大きな影響を与えることとなった。そのため、ルッテ首相が率いる中道右派の連立政権は、このような国民投票制度を廃止することを決定した。これを受けて下院は、二〇一八年二月、廃止法案を可決した。

第五章

# リベラルEUのゆくえ
## ——どう対応するのか

2017年3月25日ローマ宣言採択時のEU加盟国首脳
(©European Union 2017)

ポピュリズムの台頭と浸透は、リベラルEUに対してさまざまな課題を突きつけている。欧州債務危機や難民危機、イギリスのEU離脱、また、難民政策をめぐるEU内の「東西」対立などを受けて、EUでは加盟国との関係の在り方など、欧州統合の進め方（あるいは止め方）について再検討する気運が高まっている。リベラルEUは欧州ポピュリズムを克服することができるのだろうか。以下ではそれを問題意識として、とくにコミッション（欧州委員会）が「欧州将来白書」で提示したシナリオなどを検討材料としながら、今後の欧州統合の方式にどのような構想があるのか、また、それらがEUにとって何を意味するのか、どのような課題があるのかについて考える。

## 1　EUの立て直しと将来シナリオ

### †ブラティスラヴァ宣言とEUの立て直し

欧州債務危機や難民危機で深刻な試練に直面したEU二七カ国は、イギリスの離脱決定後も一致結束して改革を行うため、二〇一六年九月一六日にブラティスラヴァ（スロヴァキア）で非公式首脳会議を開催し、「ブラティスラヴァ宣言」を「ロードマップ」とともに採択した。宣言でEU首脳は、「EUは完全ではないが、われわれが直面している新たな挑戦に対処するうえで最善の手段である」との共通認識に立って、「過激またはポピュリスト的な政治勢力の短絡的な解決策に異議を唱える強い勇気を持ってEU市民の期待に焦点を当てる」ことにより、「市民が信頼し、支持することのできる魅力的なEUヴィジョン」を提示すると約束した。

また、「ロードマップ」では、補完性原則（第二章3参照）に依拠して、「EUができることと、加盟国がなすべきことを明確にする必要」が指摘されている。EUレベルで取り組むべき短期的優先事項として、次の諸点が挙げられている。

・域外国境の完全なコントロールを取り戻すこと（移民・難民の大量流入をふせぐこと）
・域内治安およびテロ対策
・対外安全保障および防衛に関する影響力の強化（ウクライナ危機など、ロシアからの脅威に備えること）

・すべての人々の経済的未来の改善、欧州の生活様式の保全、若者の機会改善

ブラティスラヴァ宣言が出された頃の世論調査（ユーロバロメーター European Commission 2016）によれば（図表5-1）、EU市民が重視する問題は、移民・難民、テロ、経済状況、財政状態、失業、犯罪であり、「ロードマップ」が取り上げた課題とほぼ一致する。

ブラティスラヴァ宣言にある「EUヴィジョン」は、後述するコミッションの「欧州将来白書」を踏まえて、二〇一七年にローマ宣言として表明された。

## †欧州将来白書における五つのシナリオ

二〇一七年三月一日、コミッションは、「欧州将来白書」（White Paper on the Future of Europe）を公表した。それは二〇二五年に向けたEUの五つのシナリオを「欧州統合の方程式」として提示するものであった。その特徴は、詳細な青写真や政策処方箋を示すものではなく、また、「more Europe」（EUの関与増大）あるいは「less Europe」（EUの関与縮小）の二者択一を迫るものでもないとされている。五つのシナリオには重複する点もあり、相互に排他的ではないとされ、EU二七カ国が五つのシナリオからEU市民のために最適な

## 図表 5-1　EU 市民にとって最も重要な問題 6 項目

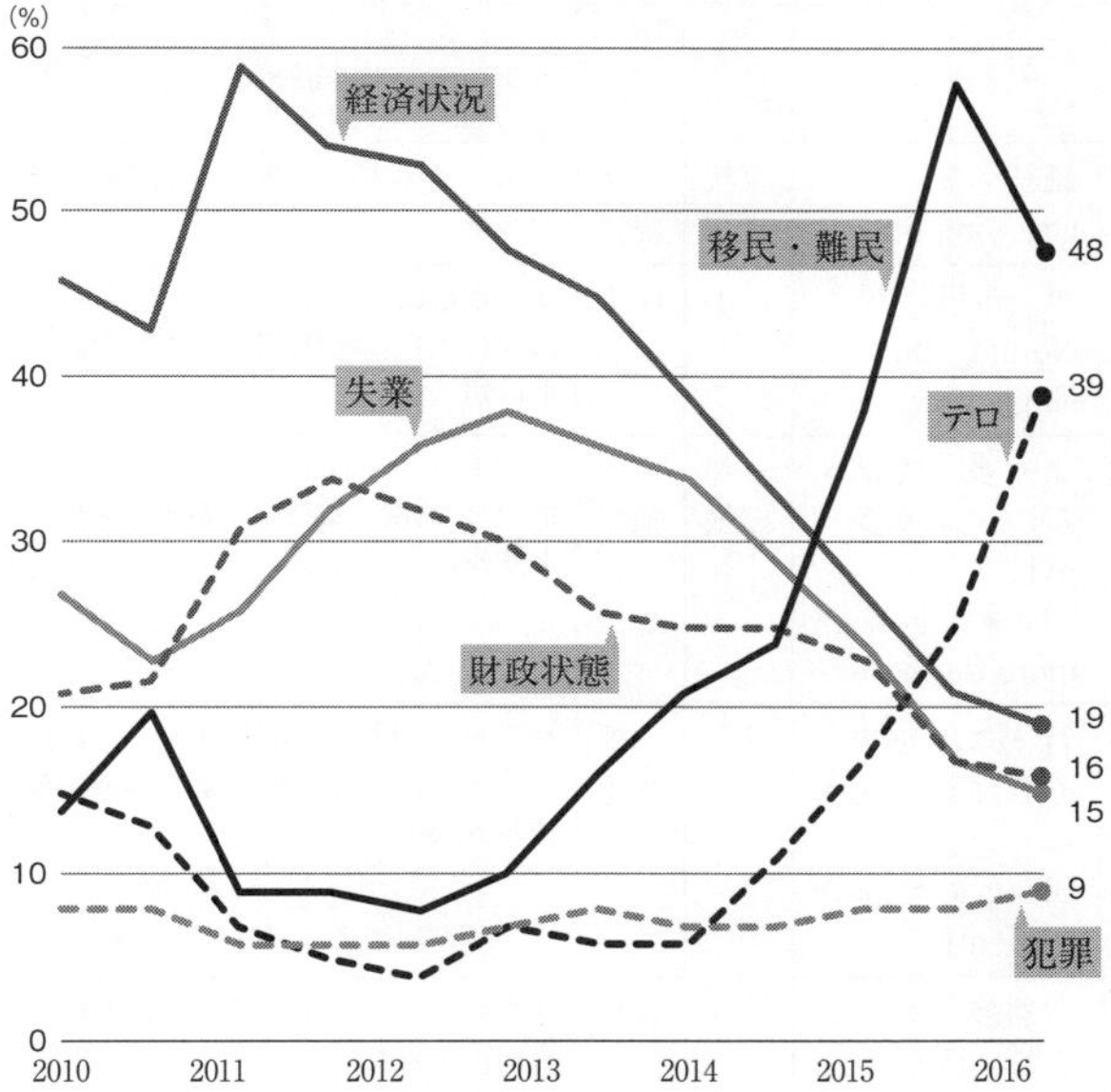


出典：Eurobarometer 85, European Commission, July 2016

## 図表 5-2　欧州将来白書にある五つのシナリオの特徴

| シナリオ | EU 権限 | | 特徴 |
|---|---|---|---|
| | 範囲 | 強度 | |
| ① 継続する Carrying on | 現状維持 | 現状維持 | 従来のモネ方式に基づく超国家的統合の維持 |
| ② 単一市場のみ Nothing but the single market | 縮小 | 縮小 | 単一市場以外の権限を加盟国に返還、必要に応じて政府間協力 **＝アラカルト欧州** |
| ③ より多くを欲する国がより多くを行う Those who want more do more | 一部拡張 | 一部強化 | 超国家的な先行統合、遅れて参加可能 **＝二速度式欧州（マルチ・スピード欧州）** |
| ④ 行うことを少なくして効率化する Doing less more efficiently | 縮小 | 一部強化 | 合意分野で EU の権限強化、それ以外では権限を加盟国に返還 **＝準アラカルト欧州** |
| ⑤ 一層多くのことを共に行う Doing much more together | 拡張 | 強化 | 従来のモネ方式に基づく超国家的統合の拡大発展 |

出典：庄司克宏「Brexit の諸問題・2　ローマ宣言と Brexit 通告」『貿易と関税』第 65 巻 5 号、2017 年（p. 10-17）、p. 15

組み合わせを決定することになっている。

欧州将来白書にある五つのシナリオとは、図表5－2のとおりである。

第一シナリオは、従来からある改革努力を続行することである。それは、ＥＵの権限の範囲と強度を現状のまま維持することを意味する。しかし、この現状維持のシナリオでは、たとえば雇用政策などで、ＥＵへの期待とＥＵの能力のミスマッチが解消されない。

図表5-3　アラカルト欧州

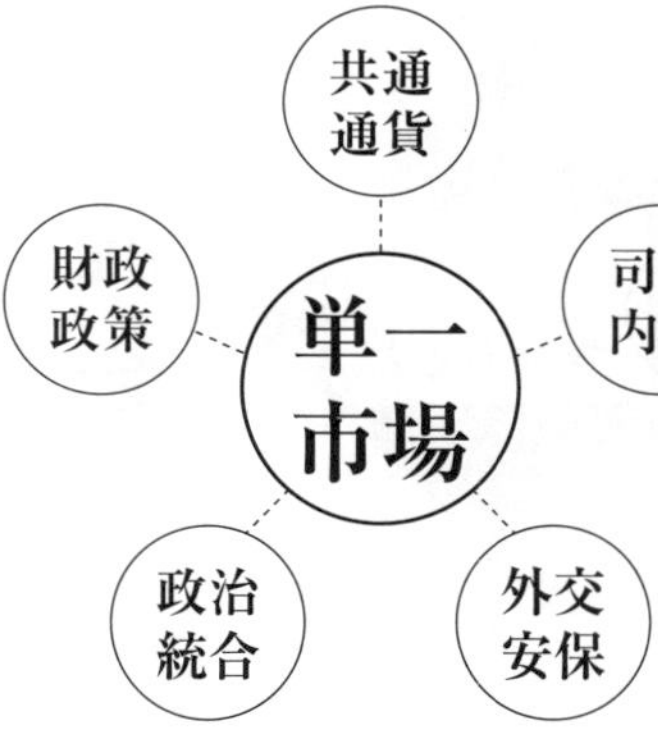


第二シナリオは、ＥＵレベルの協力を単一市場にとどめることである。すなわち、ＥＵの権限の範囲を単一市場のみに縮小し、それ以外の権限を加盟国に返還すること、すなわち「国家回帰」(renationalisation) を意味する。これは、「アラカルト欧州」と呼ばれるシナリオである（図表5－3）。このシナリオでは、その他の政策分野は各国の努力とバイラテラルな政府間協力によることになる。これは、ＥＵから経済的利益を得ることのみを念頭に置くポピュリスト政党や欧州懐疑派が好む考

図表 5-4　二速度式欧州（マルチ・スピード欧州）

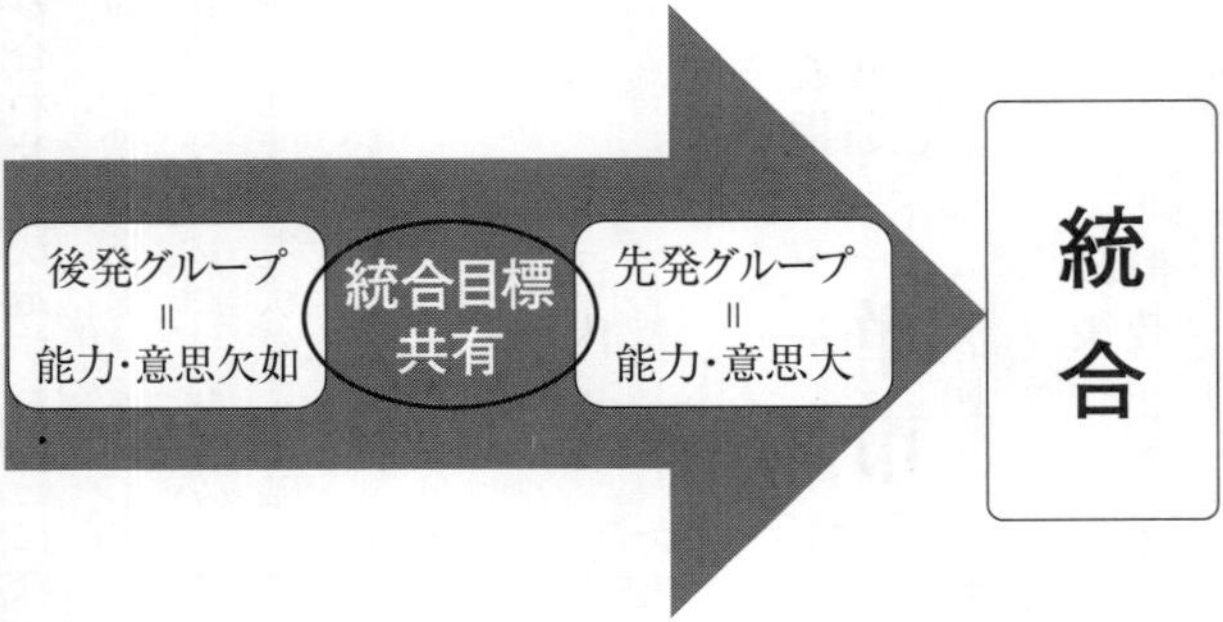


え方である。

第三シナリオは「有志連合」であり、「二速度式欧州」（two-speed Europe）あるいは「マルチ・スピード欧州」（multi-speed Europe）とも呼ばれる（図表5－4）。これは、たとえ一部の加盟国に限定されるとしても、有志・有能諸国で超国家的統合を発展させることを意味する。意思と能力を有する加盟国が特定分野で共にもっと多くのことを行うことができるようになる一方、他の加盟国の地位も保全され、後から参加することが可能であるとされる。政策決定過程が多様となるため、透明性や説明責任が課題となる。すでに単一通貨ユーロやシェンゲン領域（域内国境管理の廃止による人の自由移動と域外国境管理の強化）などで導入されている。今後想定されているのは、防衛、域内治安（テロ対策など）、税制、社会政策などである。すでに二〇一七年一二月、イギリス以外のＥＵ二七カ国中（デンマークとマルタを除く）二五カ国が基本条約に存在する「常設構造化協力」（Permanent Structured Cooperation ＰＥＳＣＯ）と呼ばれる枠組みで防衛協力を深化させることを表明している。

第四シナリオは、ＥＵ権限を一部縮小して加盟国に返還する「国家回帰」を行う代わりに、残りの分野では（単一市場に加えて）ＥＵの権限を強化することを意味する。言い換えれば、ＥＵが一定の政策分野で迅速かつ効率的に行動することに資源を集中し、他の政策分野では各加盟国が中心となって活動すること（ＥＵ権限の加盟国への返還）が想定されている。ＥＵの役割に関する既存の例としてはＥＵ競争政策がある。ＥＵ競争当局であるコミッションが重大事件に注力するため、二〇〇四年から競争法手続が分権化され、国内競争当局・裁判所の役割が強化された。今後想定される例としては、欧州共通テロ対策機関（a common European Counter-terrorism Agency）の新設、欧州国境・沿岸警備隊（the European Border and Coast Guard）の中央集権化、単一難民庇護機関（a single European Asylum Agency）の新設などが挙げられている。他方、ＥＵが活動をやめるか、または減らす例として、地域開発、公衆衛生、一定の社会政策などの分野が挙げられている。

第五シナリオは、「more Europe」の典型であり、ＥＵがすべての加盟国間で超国家的統合を維持発展させ、すべての政策分野で権限を一層強化して共通の課題に取り組むことを意味する。この場合、EUは権限の範囲と強度の両面で強化されることになる。しかし、これは、EUの正当性の点で問題があるとされている。

以上の五つのシナリオを整理するならば、第一と第五のシナリオは、従来の「モネ方式」に基づく「欧州統合の方程式」である。モネ方式とは、すでに述べたとおり、政治エリートが主導し、それを民衆が許容するというコンセンサスの下、最終段階を示さないまま漸進的に超国家的な統合を進め、平和と経済的繁栄をもたらそうとするアプローチを意味する。しかし、EUは当初の六ヵ国から二八ヵ国にまで拡大した結果として、加盟国間の異質性が増大したため、EUの政策が十分な成果を上げることができず、民衆の支持を失っていると言われている。

そこで、新たな「欧州統合の方程式」として、第三のシナリオ「二速度式欧州」（マルチ・スピード欧州）が存在する。先行する能力と意思を持つ加盟国の集団が前衛として超国家的統合を進める一方、他の加盟国は遅れて進むものの、やがては追いつくという想定がある。

これに対し、単一市場だけは全加盟国で共通して維持するけれども、他の政策分野については希望する国々だけが主として政府間協力を行うことを意味する第二のシナリオ「アラカルト欧州」という方式も存在する。また、第四のシナリオは、EU権限を一部縮小して加盟国に返還する「国家回帰」を行うという点で「アラカルト欧州」と共通しているため、「準アラカルト欧州」と位置づけることができる。

これらのシナリオのうち、欧州統合を前進させることで問題解決を図りたい親EU派の諸国は、最後の手段として二速度式欧州を支持する一方、EUからの権限奪還を図るポピュリスト政党が支配する諸国はアラカルト欧州を志向する。

コミッションは二〇一七年に、イギリスのEU離脱も考慮に入れながら、欧州将来白書にある上記五つのシナリオに沿って政策選択肢を示す形で、重点政策分野ごとにリフレクション・ペーパーを順次公表している。それは、「欧州の社会的側面」、「グローバル化の活用」、「経済通貨同盟の深化」、「欧州防衛の将来」および「EU財政の将来」にわたっている。

## 2　アラカルト欧州の試みと挫折

### †イギリスによる「EU改革」提案

アラカルト欧州の考え方は、一九七九年にロンドン・スクール・オブ・エコノミクス（LSE）のラルフ・ダーレンドルフ（Ralf Dahrendorf）教授が行った講演「第三の欧州？」にさかのぼるが、EUをアラカルト欧州に軌道修正させる試みを実際に行ったのは、イギリスのキャメロン首相（当時）であった。キャメロン首相は、二〇一三年一月二三日にロンドンのブルームバーグ欧州本社で演説を行い、その中でEUが単一市場を基盤とする「自由な加盟国の柔軟な連合」となるよう、EU基本条約の改正を要求した。そのようにしてキャメロン首相は、EUを「改革」し、EUから権限を取り戻そうとしたのである。

イギリスのEU離脱の可否を問う国民投票を行ったキャメロン首相の本意は、他のEU加盟国に対してイギリスが望むEUの改革を要求し、それが達成されるならば、その成果をイギリス国民に示すことにより国民投票でイギリスのEU残留を確保することにあった（第四章3参照）。

イギリスとEUの交渉により、二〇一六年二月一九日の欧州理事会（EU首脳会議）において「EU内におけるイギリスのための新たな合意に関する、欧州理事会内に会合する国家・政府首脳の決定」（イギリス・EU改革合意）が、国際法上の条約として合意された。これは、イギリスが国民投票を経てEU残留を決定したならば、効力を発生することになっていた。しかし、国民投票の結果がEU離脱となった場合、イギリス・EU改革合意は存在しないものとされ、実際にそうなった。この合意は、アラカルト欧州の要素を含むものであり、実現の一歩手前まで行ったが、結局頓挫した。しかし、この合意は今後のEUの将来シナリオをめぐる議論に潜在的に影響を与える可能性があるので、ここで紹介する。

### †イギリス・EU改革合意

イギリス・EU改革合意には「主権」を扱う項目が含まれ、アラカルト欧州の要素が二点含まれていた。第一点は、加盟国が欧州統合の進展に加わるよう強制されないよう保障することである。それは、EU基本条約の前文にある「欧州諸民間の一層緊密化する連合」という文言の解釈とイギリスへの適用除外として現れている。すなわち、「一層緊密化する連合」という文言が、EUの権限を際限なく拡張する根拠として使用されるべきではなく、また、すべての加盟国が共通の運命を追求するよう強制するものでもないとされた。さらに、イギリスはEUの政治統合への発展にコミットしていないこと、および、「一層緊密化する連合」がイギリスに適用されないことが承認されている。

第二点は、加盟国の議会がEU法案を拒否することができるようにすることである。すなわち、EUレベルでコミッションが欧州議会と閣僚理事会に提出するEU法案を、各国議会が、規模と効果の点から適切な場合のみEUが行動すべしとする補完性原則（第二章3参照）の点から監視する上で、「イエローカード」（コミッション法案に対する見直し要求）および「オレンジカード」（欧州議会または閣僚理事会による法案拒否権）がすでに存在する。イギリス・EU改革合意では、それらに加えて、国内議会による集合的拒否権として「レッドカード」を導入することにより補完性原則の監視が強化されることになった。その手続きによれば、EU法案が補完性原則に従っていないと判断する意見が、各国議会票（各国二票、二院制の場合は上下両院それぞれ一票）の合計の五五％を超える場合、閣僚理事会において各国代表は、当該EU法案に対して適切な修正がなされない限り、法案審議を中止する。

**図表 5-5　EU 法案に対する各国議会の監視**

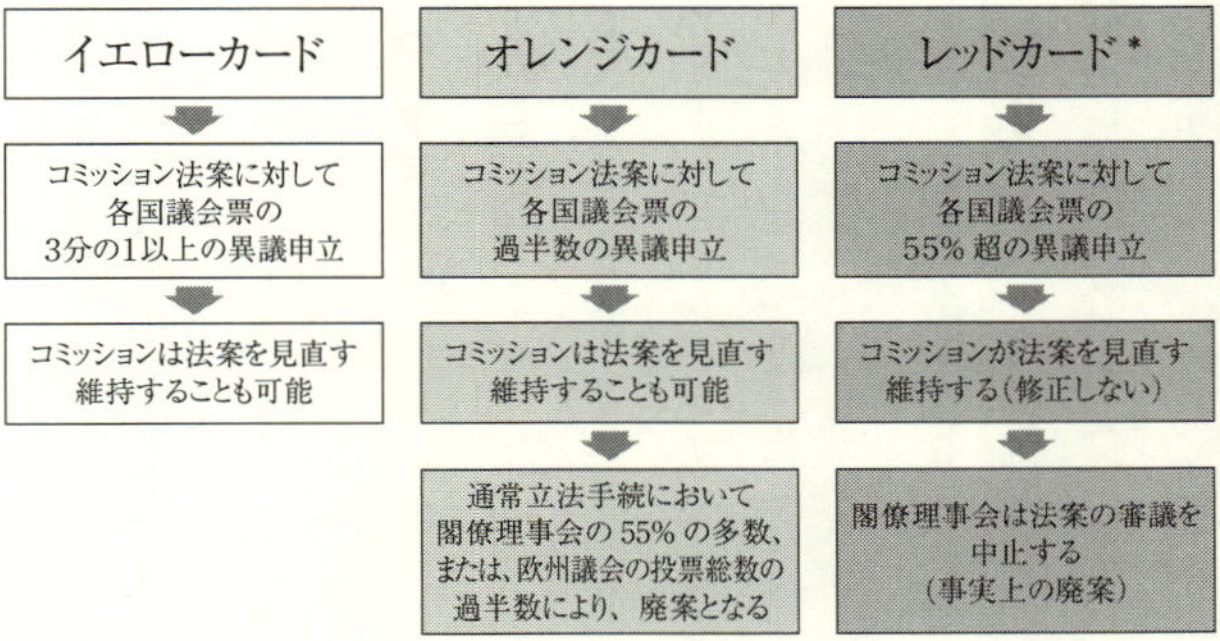
イエローカード
コミッション法案に対して各国議会票の3分の1以上の異議申立
コミッションは法案を見直す
維持することも可能
オレンジカード
コミッション法案に対して各国議会票の過半数の異議申立
コミッションは法案を見直す
維持することも可能
通常立法手続において閣僚理事会の55% の多数、または、欧州議会の投票総数の過半数により、廃案となる
レッドカード *
コミッション法案に対して各国議会票の55% 超の異議申立
コミッションが法案を見直す
維持する（修正しない）
閣僚理事会は法案の審議を中止する
（事実上の廃案）

* レッドカードは、イギリスのEU離脱の結果、実現に至らなかった。

このようにして、当該ＥＵ法案は各国議会からの反対票により事実上廃案とされる（図表５－５）。

このようにして、以上の二点により、基本条約レベルと個別の立法レベルの双方で、個々の加盟国の意向が尊重されることになり、アラカルト欧州の要素がＥＵで制度化されるはずであった。このイギリス・ＥＵ改革合意においてキャメロン首相は、単一通貨ユーロなどの個別政策からのオプトアウトではなく、欧州統合の性格自体を変えようとしたことがうかがえる。もしイギリスが国民投票でＥＵに残留する決定をしていたならば、北欧や中東欧の諸国もイギリス・ＥＵ改革合意に同調して、ＥＵが事実上アラカルト欧州に変容することになっていたかもしれない。

## 3　二速度式欧州のシナリオ

### †二速度式欧州

二速度式欧州（マルチ・スピード欧州）は、すでに単一通貨ユーロやシェンゲン協定（第二章2参照）などで使用されている。また、イギリスとチェコを除く二五加盟国が締結した「経済通貨同盟における安定、調整およびガバナンスに関する条約」（財政条約と略称され、二〇一二年署名、一三年発効）のように、EUの枠外で一部の加盟国が協力を行う場合もある（シェンゲン協定も当初はEUの枠外で実施された）。

さらに、特定分野を定めないで一部の加盟国だけがEUの枠内で先行して協力を強化する手続きとして、「高度化協力」（enhanced cooperation）制度がEU基本条約に置かれている。それは、加盟国数が増大する中、とくに全会一致事項の政策分野でそれが達成できない場合の方策として、一部の加盟国がEUの機構および手続きを利用することにより協力を先

図表5-6　高度化協力

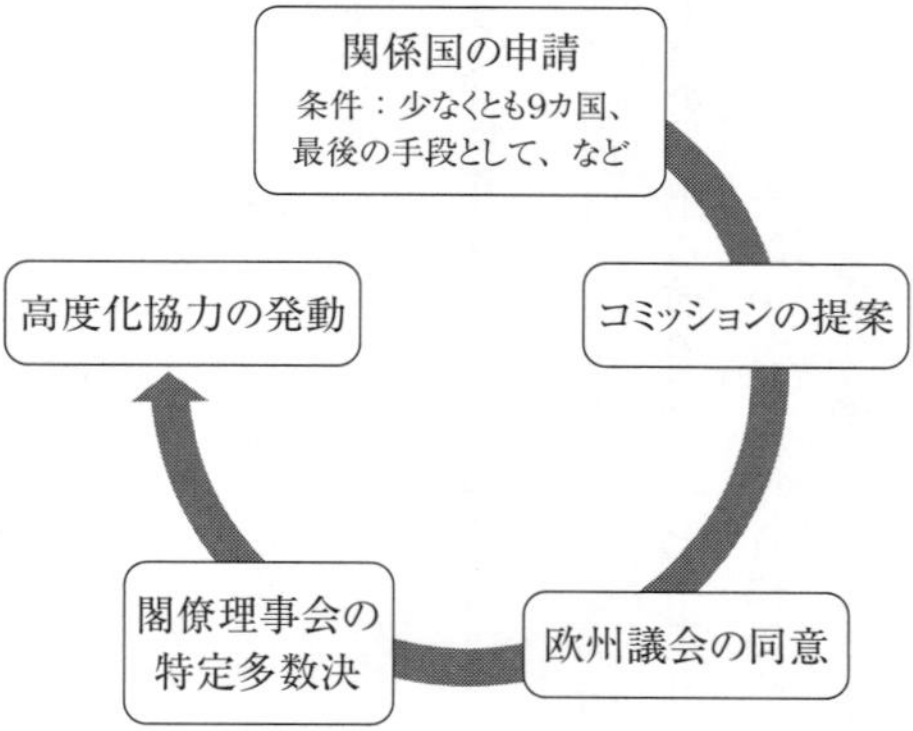


に進める制度として導入されている。これが発動されるためには、最後の手段としてのものであること、ＥＵ全体では合理的期間内に達成できないこと、少なくとも九カ国が参加すること、参加しない国の権利を侵害しないこと、遅れて参加することが可能であること、などの条件を充たす必要がある（図表5‐6）。

この高度化協力は「使い勝手」があまりよくなく、大がかりな政策に活用されたことがない。これまで家族法や知的財産権で使用されたが、金融取引税では事実上頓挫している。

このように、一部の加盟国が先行して協力を進める可能性や制度がすでに存在するため、二速度式欧州の方式を用いること自体に争いがあるわけではない。実際の対立点は、それを実行する場合にＥＵの枠内にとどめるのか、あるいはＥＵ枠外でも認めるのかということである。ＥＵの枠内で行うためにはＥＵ基本条約に従うか、または新たに条約改正を行うことが求められる。既存の制度では不十分と考える加盟国は条約改正の必要性に直面するが、それにはEU内での全会一致と全加盟国での議会または国民投票による批准が必要である。その結果、シェンゲン協定で見られたように、まずはEUの枠外で一部の国が先行して統合を進め、後日EUの枠内に入れようと考える加盟国がいるとしても不思議はない。

## †二速度式欧州をめぐる「東西対立」

EU原加盟国のベネルクス三カ国（ベルギー、オランダ、ルクセンブルク）の首脳は、欧州将来白書が出る前の二〇一七年二月三日に「欧州将来に関するベネルクスのヴィジョン」を公表し、その中で次のように述べて、二速度式欧州への支持を表明した。

「統合および高度化協力のさまざまな経路があることにより、さまざまな仕方で加盟国に影響を与える課題に対して実効的に対応することが可能となる。これらの取り決めは、他の加盟国およびEU諸機関が最大限参加することにより、包容的であり、かつ透明性を持つべきである。」(Michel 2017)

また、フランス、ドイツ、イタリアおよびスペインの西欧四大国は、三月六日ヴェルサイユでサミットを開催した。四大国は、欧州将来白書にある第三シナリオ、すなわち二速度式欧州を支持することを一致して表明した。メルケル独首相は、欧州は異なる速度で進む必要があり、さもなければ行き詰まってしまうかもしれない、と述べた。

このように、欧州の「西」に位置する四大国およびベネルクス三カ国（スペインを除きEU原加盟国）は、アラカルト欧州ではEUが単なる自由貿易圏に後退してしまうという危機感を抱き、二速度式欧州を支持することで一致している。そこでは、二速度式欧州がEUの枠内と枠外のどちらで行われるのかが明示されていない点に注意を要する。

これに対し、「東」の四カ国、すなわち、ヴィシェグラード4（V4）と呼ばれる地域協力枠組みを構成するポーランド、ハンガリー、チェコおよびスロヴァキアの首脳は、三月二日ワルシャワで共同声明を発出し、EU基本条約に規定される高度化協力の活用を容認する一方で、加盟国間に分裂をもたらすべきではないとして、次のように警告している。

「いかなる方式の高度化協力も、すべての加盟国に開放されるべきであり、単一市場、シェンゲン領域およびEU自体についていかなる種類の分裂（disintegration）も厳に慎むべきである。」（Visegrad Group 2017）

ここでヴィシェグラード四カ国は、二速度式欧州を既存のEU枠内（すなわち、高度化協力）でのみ容認することを表明したのである。また、これら四カ国は、アラカルト欧州のシナリオを前提に、ＥＵの政策決定で各国議会と欧州理事会の役割を強化するよう主張した。「東」の加盟国は、冷戦時代にソ連の支配下にあった経験から主権の委譲には消極的であると言われており、その一方で「西」の加盟国が先行して統合を進めるならば、自分たちがＥＵ内でいわば二流国扱いされるのではないかと懸念している。

### †ローマ宣言の採択

ＥＵ二七カ国は、二〇一七年三月二五日、ローマ条約六〇周年を記念して「ローマ宣言」（the Rome Declaration）を発出した（第一章3参照）。これは欧州の将来シナリオをめぐる最初の成果を示すものである。そこでは、今後一〇年間を見越してＥＵを改革するため、「ローマ・アジェンダ」として四つの政策目標が掲げられている。

第一に「安心かつ安全な欧州」であり、域外国境管理、移民政策、テロ対策などが含まれる。第二に「繁栄と持続可能な欧州」であり、成長と雇用、単一市場の発展、経済通貨同盟（ＥＭＵ）の完成、エネルギー・環境などが対象とされている。第三に「社会的欧州」であり、格差是正、男女平等に加え、失業、差別、社会的排除および貧困との闘いなどが列挙されている。第四に「グローバルな場で強化される欧州」であり、共通安全保障・防衛の強化（NATOの補完）やルールに基づく多国間制度の擁護などが挙げられている。

これらの政策目標を実現する手段として、ローマ宣言は次の点を指摘している。

「われわれは、EU基本条約に調和して、かつ、遅れて参加することを望む加盟国に門戸を開放しながら、過去に行ってきたように同一の方向に向かう一方で、必要な場合には異なる歩調と強度で、共に行動する。」（傍点筆者）

このようにして、二速度式欧州（マルチ・スピード欧州）の方式がローマ宣言に盛り込まれた。しかしそれが、EU枠内で基本条約に基づくことが条件となるのか、あるいは、EU枠外の協力であっても、EUの目的を共有するなどして基本条約と整合していればよいのか、必ずしも自明ではない。ここにこそ、二速度式欧州をめぐる「東西」対立が存在する。

今後、二速度式欧州が想定される分野の例として、オランド（François Hollande）フランス大統領（当時）は、防衛、経済通貨同盟（EMU）の深化、税制の調和を挙げた。防衛面では、すでに述べたとおり、共通外交・安全保障政策（CFSP）の仕組みとして、一部の加盟国による軍事協力強化のための「常設構造化協力」という枠組みが基本条約に置かれている。さらに、税制の調和も、基本条約が定める「高度化協力」で可能である。

それにもかかわらず、「西」の諸国が二速度式欧州にこだわるのは、条約改正が困難な場合、EUの枠外であっても進めたいプロジェクトがあるからである。それが、EMUの深化、とくに財政同盟の実現である。「西」の諸国はすべてユーロ圏に属しており、ユーロ危機を経て、(国内政治上の問題があるものの)何らかの形の共通予算を伴う財政同盟が必要であることを、多かれ少なかれ認識している。

これに対し、「東」のヴィシェグラード諸国は、スロヴァキアを除き非ユーロ圏であり、前掲ワルシャワ共同声明では、すべての加盟国の財政的自律性を尊重するよう主張している。なぜならば、ユーロ圏諸国が財政同盟に進むならば、金融、税制、雇用などEUの重要な政策が事前にユーロ圏諸国で合意され、EUの重要な政策決定と予算配分から事実上はずされるのではないかと懸念しているからである。

## †マクロン仏大統領のソルボンヌ演説

マクロン大統領は、二〇一七年九月二六日、ソルボンヌ大学で「欧州のためのイニシアティブ——主権を有する、結束した民主的欧州」と題する演説を行い、その中で欧州統合を前進させるための多岐にわたる提案を行った。マクロン大統領は、短絡的に「イエスか、ノーか」と問いかけて、「ノー」と言わせる「ポピュリストの罠」にはまってはいけないと警告し、民主主義と法の支配という価値は交渉対象とはなり得ないし、それについて「二速度式欧州」はあり得ないと述べた。その一方で、EUの制度・政策については、先行統合を望む国をブロックすることはできないとする一方、参加を望む国を排除しない形で、「多段階統合」(二速度式欧州)を受け容れるよう提案している(Macron 2017a)。

### †首脳アジェンダ

二〇一七年一〇月二〇日の欧州理事会でトゥスク常任議長は、今後二年間にわたる「首脳アジェンダ」に関する提案を行った。それは、EU各国首脳が、ユーロ圏改革、移民問題、域内治安、貿易、EUの将来的財政、イギリス離脱後における欧州議会の議席配分といった最重要な問題について、常任議長が各国間の見解の相違を示す「決定ノート」という文書を事前に作成して各国に配付したうえで議論を行うことを提案している。初回の議論が不調な場合はコンセンサスにこだわらず、有志国で高度化協力を行うかどうかを検討する。それは、ローマ宣言で確認された二速度式欧州(マルチ・スピード欧州)を活用する余地を認めるものである。

## 4 リベラルEUの課題

### †「コペンハーゲン・ディレンマ」――EUにおける法の支配のゆくえ

EUの加盟基準である人権・民主主義・法の支配は、コペンハーゲン基準と呼ばれ、EU基本条約にEUの基本的価値として明文化されている（第二章5参照）。しかし、ハンガリーのオルバン政権やポーランドの「法と正義」（PiS）政権は、コペンハーゲン基準を無視して独立の機関、とりわけ憲法裁判所の権限を弱体化させることにより、反リベラルな政策に対する違憲判決を封じ込めて、政権基盤を強化しようとしている（第四章2参照）。その背景には、EUと中東欧諸国との加盟交渉で、リベラル・デモクラシーを支える法の支配の制度化が表面的なものにとどまったことがある。このため、自由選挙により選ばれた多数派政党は、その気になれば、政権維持のために法の支配を容易に覆すことができた

(Bugarič 2015)。

いったんコペンハーゲン基準を充たして加盟した後に、その加盟国が基準違反を行ったとしても、EUがそれに対処する手段は、権利停止手続に基づき、欧州理事会の全会一致(違反国を除く)により重大かつ継続的な違反を認定した後に投票権の停止などを行うことに限られる(第二章5参照)。関連する具体的なEU立法に加盟国が従っていないときは、それを理由にコミッションが義務不履行訴訟としてEU司法裁判所に提訴することができる。しかし、個別のEU立法違反を是正させることはできても、コペンハーゲン基準に対する「重大かつ継続的な違反」を終了させるには至っていないのが現状である(第四章2参照)。

このような状況に対し、ドイツ政府が、EU予算(域内格差是正のための「結束基金」)の配分を、加盟国が法の支配を遵守しているか否かに応じて、EUコミッションが決定することができるようにすべきであるとする案を示したところ、コミッションのユンカー委員長はそれに反対したと伝えられている。しかし、二〇一七年一〇月末、コミッションのヨウロバ(Vera Jourova)司法担当委員は、「わたしたちは法の支配を擁護するためEUの資金の使い方をもっと改善する必要があります」と述べた後、「私の個人的見解ですが」と断ったうえで、「法の支配と結束基金の間にもっと強いコンディショナリティを創り出すことを検討すべきです」と表明している（Zalan 2017b）。

このように変化の兆しは見られるものの、EUがとることのできる手段は限られており、根本的に法の支配の問題でEUが加盟国に介入するためにはEU基本条約の改正が必要とされる。現状では手詰まりの状態にあるため、反リベラルなハンガリーやポーランドの政権が次の選挙で敗北し、リベラルな政権が登場するのを待つほかない状況である。逆に、EU内で反リベラル・ポピュリズムの政党が政権に就く加盟国が増加すれば、EUの政策決定に反リベラルな影響が及ぶことになりかねない。また、EUの独立の機関であるコミッションやEU司法裁判所の人事で反リベラルな政権寄りの委員や裁判官が送り込まれて独立性が損なわれる可能性も皆無とは言えない。

## †東西対立と南北対立

EUでは、先述した二速度式欧州をめぐる「東西対立」とは別に、法の支配をめぐってリベラル・デモクラシーを標榜する加盟国（西欧諸国）と、反リベラル・ポピュリズムに染まっている加盟国（東欧諸国）が、リベラルEU対欧州ポピュリズムという形で「東西対立」している。他方、経済通貨同盟（EMU）の進め方をめぐって財政規律を重視する「北」の加盟国（ドイツ、オランダなど）と、財政規律の緩和を求める「南」の加盟国（フランス、スペイン、イタリアなど）が「南北対立」の状況にある。

「南北対立」は「お金」の問題であり、価値をめぐる対立より解決が容易かもしれない。ただし、これは欧州統合をどのように深化させるかという問題でもあるため、EUのアウトプット型の正当性が問われている。これに対し、「東西対立」は「価値」をめぐる対立関係であり、リベラルEUの存亡に関わる問題であると言える。EUは各国のリベラル・デモクラシーを側面支援しながら、統合を促進して成果を出すことによりEU市民の支持を確保しなければならない。

### †リベラルEUの将来シナリオ

EUコミッションの欧州将来白書に照らしてリベラルEUの将来シナリオを想定するならば、第一に統合レベルの高低、および、第二にアウトプット型正当性（EU）とインプット型正当性（EUまたは加盟国）のいずれを重視するか、という二つの基準を設定することにより、大まかに次の四つの場合に分けられる（図表5-7）。

図表 5-7　リベラル EU の将来シナリオ

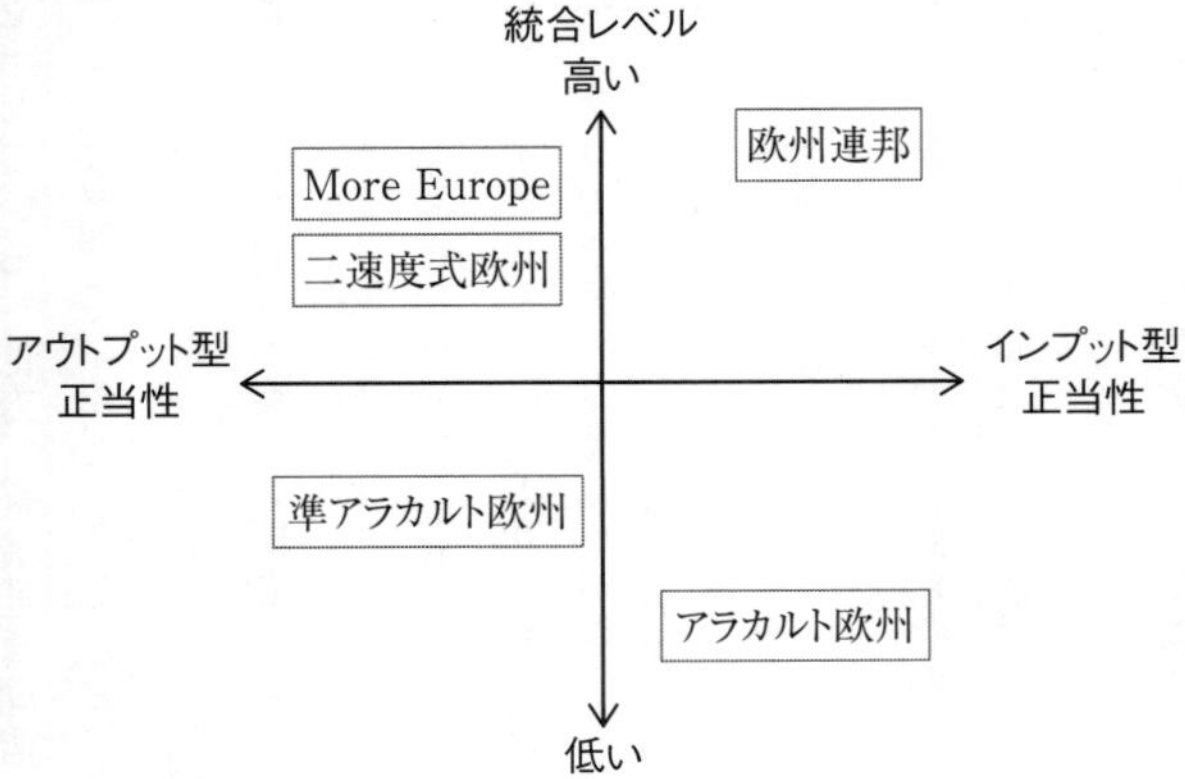


一、統合レベルが高く、また、EUのインプット型正当性を重視する場合、それは「欧州連邦」を意味し、EUレベルの「政治化」を伴う。

二、統合レベルが高く、また、アウトプット型正当性を重視する場合、モネ方式は維持される。これには二つの可能性がある。一つはすべての加盟国で統合を強化する「more Europe」であり、もう一つは参加国を限定して統合を進める「二速度欧州」(マルチ・スピード式欧州)である。

三、統合レベルが低く、また、加盟国のインプット型正当性を重視する場合、単一市場を全加盟国に共通の政策分野とする一方、他の政策分野については希望国のみを対象とする「アラカルト欧州」を意味する。
四、統合レベルを低くする一方、アウトプット型正当性を重視する場合、政策分野を限定してその範囲でのみ権限を強化する「準アラカルト欧州」となる。

## †統合領域の限定？

リベラルEUの将来シナリオが形式的にいくつか想定されるとしても、EUレベルにおける与党・野党関係の欠如により欧州ポピュリズムが出現したこと（第三章2参照）に対して、どのように対処すべきなのかという観点からの取り組みがなければ、EUは自らが生み出した欧州ポピュリズムにより崩壊するかもしれない。そこで、リベラルEUの将来シナリオにある問題点を踏まえながら、欧州ポピュリズムに対するEUの制度的可能性について最後に検討することとしたい。

この点を検討するに当たり、EUは、大衆民主主義の欠点を回避しながら、どのようにして従来の存在理由に基づく欧州統合を維持し、欧州ポピュリズムを克服すべきなのかということが、中核的な問題となる。言い換えるならば、いかにしてモネ方式を維持発展させ、EUによるアウトプットを確保するか、という課題を意味する。それに対する処方箋

図表5-8　リベラルEUによる欧州ポピュリズムの封じ込め

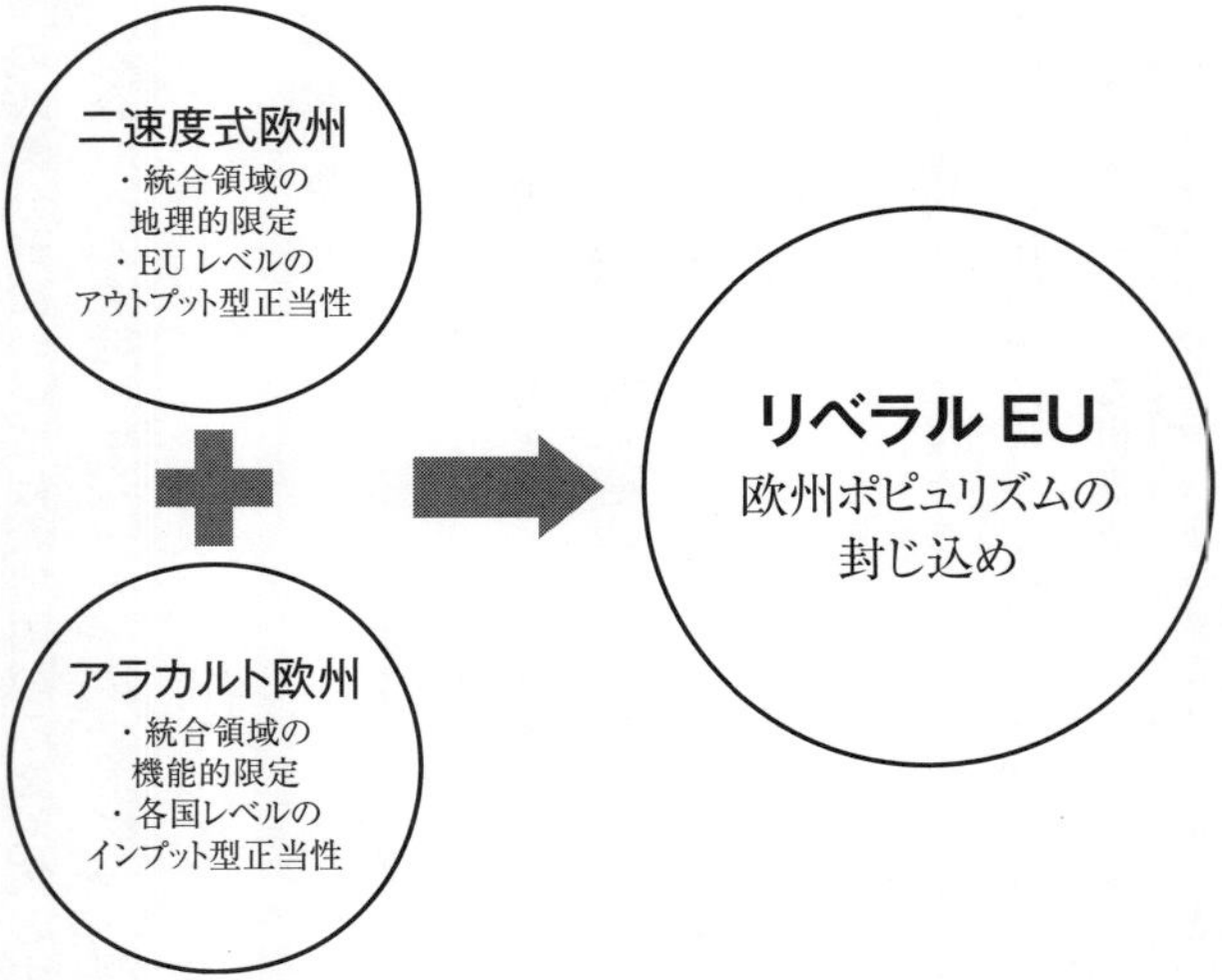


として考えられるのは、統合領域を限定化してEUによる国内政治からの「隔離」空間を縮小するということである。統合領域の限定には、「地理的限定」と「機能的限定」がある。

「地理的限定」とは、統合の参加国を一部限定するということであり、経済通貨同盟（EMU）の深化などの分野で、二速度式欧州（マルチ・スピード欧州）により、能力と意思を持つ国家のみが先行して統合を行い、EUのアウトプット型正当性を確保することを意味する。これはモネ方式の時間差適用であり、能力と意思を併せ持つ国家がアウトプットにより世論を牽引し、許容のコンセンサスが形成される。このようにして、統合の地理的限定、すなわち二速度式欧州によるアウトプット型正当性の強化により、限定された加盟国において欧州ポピュリズムの封じ込めが順次可能となる（図表5-8）。

他方、一部の加盟国ではなく、EU全体としてはどうすればよいのか。オックスフォード大学のヤン・ジーロンカ教授は、多様性つまり多元主義が民主的な秩序の柱であり、EU諸機関はその権限の拡張ではなく、縮小を行うべきである、と述べている。また、欧州大学院大学のマョーネ名誉教授は、欧州が競争、協力および模倣による柔軟な統合を進めるべきであると主張する。それらの指摘が含意することは、統合領域の「機能的限定」ということである。とくに二速度式欧州（マルチ・スピード欧州）に参加する意思もしくは能力（またはその両方）に欠ける国家を念頭に置いて、アラカルト欧州、または必要に応じて準アラカルト欧州の枠組みを導入することを意味する。そのようにして、EUレベルから各国へと政治空間を返還することができ、各国レベルにおけるインプット型正当性の余地を広げることにより、EUをスケープゴートとして標的にする欧州ポピュリズムの台頭を防ぐことが可能となる（図表5-8）。

本書の冒頭で述べたとおり、欧州ではポピュリズムが永続的な問題として存在する。ポピュリズムはリベラル・デモクラシーを敵視し、その矛先をEUにも向けている。しかし、欧州ポピュリズムの台頭と浸透には、EU自体に構造的要因が内在する。EUの存在意義を保全しながら、このようなパラドクスを克服するためには、EUそのものが変わらなければならない。欧州統合は大きな転換点にある。

# あとがき

ポピュリズムについては、わが国でもすでに専門家による優れた研究がなされ、専門書や教養書として刊行されているが、本書は欧州ポピュリズムを素材としてEUという営みを解明する試みである。本書を執筆するきっかけとなったのは、「経済倶楽部」から依頼を受けて二〇一七年一月二〇日に「欧州懐疑派の台頭に揺れるEUの2017年展望」と題する講演（『経済倶楽部講演録』第八一七号、二〇一七年所収）を行ったことであった。そのときの問題意識は、「なぜポピュリズムはEUを敵視するのか」、「EUという営みに内在する原因があるのか」というものであった。この視点が本書でも貫かれている。

とはいうものの、膨大で多岐にわたる先行研究に当たっても（参考文献に挙げているものはその一部である）、そのような問いに対する答えを見つけ出すことはなかなか容易ではなかった。執筆作業を投げ出したいと思うこともあったくらいである。すでに多数の論文や著作を活字にした経験がありながら、このように苦しんだのは初めてのことであった。

それにもかかわらず、ようやくヒントが見つかったのは、同時進行していたG・マヨーネ名誉教授による著作の翻訳作業（庄司克宏監訳により『欧州統合は行きすぎたのか　上・下』〔岩波書店、二〇一七年〕という邦題で出版されている）において、欧州議会が各国議会と根本的に異なる点として「伝統的な政府対野党の弁証法的な関係が存在しないことである」という一節があり（本書第三章2「EUの非多数派機関と欧州ポピュリズム」）、そこにピーター・メア教授の論文が引用されているのを見つけたときのことである。これをきっかけにメア教授による『虚空を支配する――西欧民主主義の空洞化』（未邦訳）という著作に出会うことができた。そこでは、EUを特別扱いや例外視するよりもむしろ、EUという仕組みがどのような意図で作られたのかという点に着目して、「各国政治指導者により、代表制民主主義に伴う制約を回避して政策決定を行うことができる保護領域として構築されてきた政治システム」と見なすべきである、という指摘がなされていた（本書第三章2「欧州統合のパラドクス」）。

この卓見にふれることにより、EUという存在そのものが欧州ポピュリズムを生み出したという説明が自分の中で可能となった。つまり、EUは欧州ポピュリズムの構造的要因であるということになる。要因を突き止めることができれば、処方箋も発見可能である。それがわかった後は、何とか執筆を進めることができた。結局、完成までに約一年を要したことになる。

筆者がまだ二〇代で慶應義塾大学の法学部生だったころ、三田キャンパスで開講される授業に「日本国憲法制定過程」という科目があった。その授業を非常勤講師として担当されていたのは、内閣法制局を退官された後に日本大学法学部教授として憲法を教えられていた大友一郎先生（故人）であった。ある日、大友先生に授業の後で質問した際に、「欧州経済共同体（EUは当時そう呼ばれていた）というのは日本にとってマッカーサーの占領司令部のようなものですね」、「どちらも「指令」を出して国家の在り方を変えることがありますね」（笑）、と冗談でお話しになったことが、昨日のことのように思い出される（不思議なご縁で、筆者の編により『日本国憲法の制定過程――大友一郎講義録』〔千倉書房〕が二〇一七年に刊行されている）。その話を敷衍《ふえん》すると、マッカーサーの占領司令部はわが国が受諾したポツダム宣言に基づいて日本に民主化するよう迫ったが、EUは欧州諸国が合意した基本条約に基づいて各国の民主主義が「脱線」しないようリベラリズムで導いていると言えるのかもしれない。そのように理解すると、欧州ポピュリズムはEUに対する反動として台頭したということになる。

EUを扱う書籍のタイトルで、「崩壊」「壊滅」「解体」「消滅」などのような表現が用いられることがあるが（EU研究者の間では非常に評判が悪い）、EUについて言えることはせいぜい「危機」や「分裂」のおそれくらいではないかと思われる。二〇一〇年頃から深刻化したユーロ危機や二〇一五年の欧州難民危機は、リーマン・ショック（二〇〇八年）やシリア内戦などのように外部で生じたことがEU内に波及して危機をもたらした事象であった。それとは異なり、欧州ポピュリズムはEUの内部から発生して分断を引き起こしている問題であり、いわば腫瘍が悪性化して癌細胞になるようなものである。それは欧州の隅々に奥深くまで蔓延しており、「外科手術」は困難である。つまり、欧州ポピュリズムを政治的に排除することは不可能である。しかし放置すると、EUが内部から徐々に衰弱していく。そのため、「内科的治療」で対処し、気長に欧州ポピュリズムという「癌細胞」を抑えて縮小させるしかない。これが本書の結論である。とはいえ、筆者の力量不足のゆえに不十分な点が多々あるかもしれない。読者の指摘を頂きながら、今後も改善を図りたいと思う。

本書を出版するに当たり、筑摩書房の増田健史氏を紹介して下さったのは、大学院の後輩で共に田中俊郎先生（現在は慶應義塾大学名誉教授）のご指導を受けた細谷雄一氏（慶應義塾大学教授）であり、厚く御礼申し上げたい。増田氏とは東京駅近くのカフェで度々お目にかかって、いろいろと相談に乗って頂いた。本書を上梓することができたのはひとえに増田氏のおかげである。また、校正段階に入ってからは、細かい仕上げで藤岡美玲氏に大変お世話になった。お二人には、この場をお借りして心より感謝申し上げる。

庄司克宏

二〇一八年三月

June＊
Dahrendorf, Ralf (1979) "A Third Europe?", Third Jean Monnet Lecture, European University Institute＊
European Commission (2016) *Standard Eurobarometer 85*, July＊
European Commission (2017) *White Paper on the Future of Europe*, COM (2017) 2025, 1 March＊
European Council (2016) *Bratislava Declaration and Roadmap*, Informal meeting of the 27 heads of state or government, Bratislava, 16 September＊
European Union (2017) *The Rome Declaration*, 25 March
Macron, Emmanuel (2017a) "Initiative for Europe A sovereign, united, democratic Europe", 26 September＊
Macron, Emmanuel (2017b) "Emmanuel Macron's Europe – A vision, some proposals", European Issue n° 445, Fondation Robert Schuman, 3 October＊
Mair, Peter (2013) *Ruling the Void: The Hollowing of Western Democracy*, Verso
Michel, Charles (2017) *Benelux vision on the future of Europe*, Press Release, 3 February＊
Pineau, Elizabeth (2017) "Leaders of euro zone's biggest economies back multi-speed Europe", *Reuters*, 6 March＊
Pirozzi, Nicoletta; Tortola, Pier D. & Vai, Lorenzo (2017) *Differentiated Integration: A Way Forward for Europe*, Istituto Affari Internazionali＊
Visegrad Group (2017) *Joint Statement of the Heads of Governments of the V4 countries*, Warsaw, 2 March＊
Zalan, Eszter (2017a) "Eastern Europe warns against EU 'disintegration'", *euobsever*, 2 March＊
Zalan, Eszter (2017b) "Justice commissioner links EU funds to 'rule of law'", *euobserver*, 31 October＊
Zielonka, Jan (2014) *Is the EU Doomed?*, Polity

the Rule of Law inside Member States?", *European Law Journal*, Vol. 21, No. 2
Orbán, Viktor (2014) Speech at the 25th Bálványos Summer Free University and Student Camp, Romania, 26 July＊
Pappas, Takis S. (2016) "Distinguishing Liberal Democracy's Challengers", *Journal of Democracy*, Vol. 27, No. 4
Pech, Laurent & Scheppele, Kim L. (2017) "Illiberalism Within: Rule of Law Backsliding in the EU", *Cambridge Yearbook of European Legal Studies*, Vol. 19
Pew Research Center (2017) "Post-Brexit, Europeans More Favorable Toward EU", June＊
Rettman, Andrew (2017) "Hungary veto sets scene for EU battle on Poland", *euobserver*, 21 December＊
Venice Commission (2016) Opinion 860/2016 (on the Act on the Constitutional Tribunal, Poland), CDL-AD (2016) 026, 14 October
Von Ondarza, Nicolai (2016) "Euro-sceptics in Power", *SWP Comments* 17, April＊

## 第5章

庄司克宏（2008）「リスボン条約（EU）の概要と評価」『慶應法学』第10号
庄司克宏（2016）『欧州の危機――Brexit ショック』東洋経済新報社
伴野文夫（2017）『エマニュエル・マクロン』幻冬舎
星野郁（2017）「EU・ヨーロッパ圏の複合危機」、牧野裕・紺井博則・上川孝夫編著『複合危機――ゆれるグローバル経済』日本経済評論社
マヨーネ、G.（庄司克宏監訳）『欧州統合は行きすぎたのか（上）（下）』岩波書店
Bugarič, Bojan (2015) "A crisis of constitutional democracy in post-Communist Europe: "Lands in-between" democracy and authoritarianism", *International Journal of Constitutional Law*, Vol. 13, No. 1
Chazan, Guy & Robinson, Duncan (2017) "Juncker rejects German plan to tie EU funding to democracy: Berlin proposal would have linked cohesion policy to respect for rule of law", *Financial Times*, 2

cember＊
European Parliament (2016) Resolution on the situation in Poland (2015/3031 [RSP]), 13 April＊
European Parliament (2017) Resolution on the situation in Hungary (2017/2656 [RSP]), 17 May
Hobolt, Sara B. (2015) "The 2014 European Parliament Elections: Divided in Unity?", *Journal of Common Market Studies*, Vol. 53, Annual Review
Jakab, András & Sonnevend, Pál (2013) "Continuity with Deficiencies: The New Basic Law of Hungary", *European Constitutional Law Review*, Vol. 9, No. 1
Juncker, Jean-Claude (2017) Statement by President of the European Commission, on the vote in the Dutch Senate on the ratification of the Association Agreement between the European Union and Ukraine, 30 May＊
Kekemen, R. Daniel (2017) "Europe's Other Democratic Deficit: National Authoritarianism in Europe's Democratic Union", *Government and Opposition*, Vol. 52, No. 2
Kovács, Kriszta & Tóth, Gábor A. (2011) "Hungary's Constitutional Transformation", *European Constitutional Law Review*, Vol. 7, No. 2
Lochocki, Timo (2014) "The Unstoppable Far Right? How established parties' communication and media reporting of European affairs affect the electoral advances of right-populist parties", GMF Europe Policy Paper, April＊
Lochocki, Timo (2015) "How the United Kingdom Independence Party's One Seat Has the Power to Change British and European Politics", GMF Europe Program Policy Brief, Vol. 2, No. 4＊
Melander, Ingrid (2017) "Factbox: Marine Le Pen's French presidential election policies", *Reuters*, 15 April＊
Mendez, Fernando & Mendez, Mario (2017) "The Promise and Perils of Direct Democracy for the European Union", *Cambridge Yearbook of European Legal Studies*, Vol. 19
Müller, Jan-Werner (2015) "Should the EU Protect Democracy and

Batory, Agnes (2014) "Uploading as political strategy: the European Parliament and the Hungarian media law debate", *East European Politics*, Vol. 30, No. 2

Batory, Agnes (2016) "Defying the Commission: Creative Compliance and Respect for the Rule of Law in the EU", *Public Administration*, Vol. 94, No. 3

Bertoncini, Yves & Koenig, Nicole (2015) "The European Union and Referenda: Structural Incompatibility?", Policy Paper, No. 141, Jacques Delors Institute＊

Boros, Tamás; Freitas, Maria; Kadlót, Tibor & Stetter, Ernst (2017) *The State of Populism in the European Union 2016*, FEPS and Policy Solutions＊

Buckley, Neil & Foy, Henry (2016) "Poland's new government finds a model in Orban's Hungary", *Financial Times*, 7 January＊

Buti, Marco & Pichelmann, Karl (2017) "European integration and populism: addressing Dahrendorf's quandary", *POLICY BRIEF*, LUISS School of European Political Economy, January 30＊

Closa, Carlos & Kochenov, Dimitry (eds.) (2016) *Reinforcing Rule of Law Oversight in the European Union*, Cambridge University Press

EU Court of Justice (2012) Case C-286/12 *Commission v Hungary*, 6 November, ECLI: EU: C: 2012: 687

EU Court of Justice (2014) Case C-288/12 *Commission v Hungary*, 8 April, ECLI: EU: C: 2014: 237

EU Court of Justice (2017) Cases C-643 & 647/15 *Slovakia and Hungary v Council*, 6 September, ECLI: EU: C: 2017: 631

European Commission (2016) "Rule of Law: Commission discusses latest developments and issues complementary Recommendation to Poland", Press release, Brussels, 21 December＊

European Commission (2017a) "Independence of the judiciary: European Commission takes second step in infringement procedure against Poland", Press release, 12 September＊

European Commission (2017b) "Rule of Law: European Commission acts to defend judicial independence in Poland", Press release, 20 De-

Mudde, Cas (2015) "Populism in Europe: a primer", openDemocracy, 12 May ＊
Mudde, Cas (ed.) (2016) *The Populist Radical Right: A Reader*, Routledge
Mudde, Cas & Kaltwasser, Cristobal R. (2017) *Populism: A Very Short Introduction*, Oxford University Press
Pew Research Center (2017) "Post-Brexit, Europeans More Favorable Toward EU", June ＊
Raines, Thomas; Goodwin, Matthew & Cutts, David (2017) "The Future of Europe: Comparing Public and Elite Attitudes", Research Paper, Europe Programme, Chatham House ＊
Rupnik, Jacques (2007) "From Democracy Fatigue to Populist Backlash", *Journal of Democracy*, Vol. 18, No. 4
Schütze, Robert (2010) "From Rome to Lisbon: 'Executive Federalism' in the (New) European Union", *Common Market Law Review*, Vol. 47, No. 5
Zielonka, Jan (2014) *Is the EU Doomed?*, Polity

### 第4章

小野義典（2011）「ハンガリー基本法」『憲法論叢』（関西憲法研究会）第18号
小野義典（2015）「ハンガリー基本法改正の意義と背景」『法政治研究』創刊号
庄司克宏（2013）『新EU法　基礎篇』岩波書店
庄司克宏（2016a）「イギリス脱退問題とEU改革要求――法制度的考察」『阪南論集　社会科学編』第51巻3号
庄司克宏（2016b）『欧州の危機――Brexitショック』東洋経済新報社
庄司克宏（2017）「Brexitの諸問題・4――英国、欧州ポピュリズムとリベラルEU」『貿易と関税』第65巻7号
水島朝穂、佐藤史人（2013）「試練に立つ立憲主義？――2011年ハンガリー新憲法の「衝撃」（1）」『比較法学』第46巻3号
吉武信彦（2005）『国民投票と欧州統合――デンマーク・EU関係史』勁草書房

EU: C: 2009: 271
European Stability Initiative (2017) *The Refugee Crisis through Statistics* *
European Union (2018) *Agencies and other EU bodies* *
Eurostat (2017) Asylum statistics *
Grant, Charles (2011) "Marine Le Pen and the Rise of Populism", Centre for European Reform *
Haas, Ernst B. (1958) *The Uniting of Europe: Political, Social, and Economic Forces, 1950–1957*, Stanford University Press
Kaltwasser, Cristobal R. (2015) "Explaining the Emergence of Populism in Europe and the Americas" in Carlos de la Torre (ed.), *The Promise and Perils of Populism: Global Perspective*, University Press of Kentucky
Klein, Joe (2002) "Who's in charge here?", *The Guardian*, 26 June *
Krastev, Ivan (2007) "The Strange Death of the Liberal Consensus", *Journal of Democracy*, Vol. 18, No. 4
Lenaerts, Koen & Van Nuffel, Piet (2011) *European Union Law* (3rd ed.), Sweet & Maxwell
Leonard, Mark (2011) "Four Scenarios for the Reinvention of Europe", ECFR/43, European Council on Foreign Relations *
Lindberg, Leon & Scheingold, Stuart (1970) *Europe's Would-be Polity: Patterns of Change in the European Community*, Englewood Cliffs, N.J.: Prentice-Hall
Luther, Kurt R. (2012) "Peter Mair and the Europeanization of parties and party systems", Keele European Parties Research Unit (KEP-RU) Working Paper 37 *
Mair, Peter (2013) *Ruling the Void: The Hollowing of Western Democracy*, Verso
Mendes, Joana (2011) "Participation and the role of law after Lisbon: A legal view on Article 11 TEU", *Common Market Law Review*, Vol. 48, No. 6
Mudde, Cas (2007) *Populist Radical Right Parties in Europe*, Cambridge University Press

Larsson, Sara and Lundgren, Jenny (2005) "The Sanctions Against Austria" in Sara Larsson, Eva-Karin Olsson and Britta Ramberg (eds.), *Crisis Decision Making in the European Union*, CRISMART＊

Lazowski, Adam (2012) "Withdrawal from the European Union and Alternatives to Membership", *European Law Review*, Vol. 37, No. 5

Lenaerts, Koen & Van Nuffel, Piet (2011) *European Union Law* (3rd ed.), Sweet & Maxwell

Maduro, Miguel P. (1997) "Reforming the Market or the State? Article 30 and the European Constitution: Economic Freedom and Political Rights", *European Law Review*, Vol. 3, No. 1

Mair, Peter (2013) *Ruling the Void: The Hollowing of Western Democracy*, Verso

Mortelmans, Kamiel (1998) "The Common Market, the Internal Market and the Single Market, What's in a Market?", *Common Market Law Review*, Vol. 35, No. 1

Rehn, Olli (2005) "Values define Europe, not borders", Speech to civil society, European Commission, Belgrade, 24 January＊

Wallace, William (1999) "The Sharing of Sovereignty: the European Paradox", *Political Studies*, XLVII

## 第３章

庄司克宏（2005）「EU における立憲主義と欧州憲法条約の課題」『国際政治』第 142 号

マヨーネ，G.（庄司克宏監訳）（2017）『欧州統合は行きすぎたのか（上）（下）』岩波書店

Ardagh, John (1968) *The New French Revolution: A Social & Economic Survey of France 1945–1967*, Secker & Warburg

Bárd, Petra & Carrera, Sergio (2017) "The Commission's Decision on 'Less EU' in Safeguarding the Rule of Law: A play in four acts", Policy Insights, CEPS, No. 2017/08＊

De la Torre, Carlos (ed.) (2015) *The Promise and Perils of Populism: Global Perspective*, University Press of Kentucky

EU Court of Justice (2009) Case C-420/07 *Apostolides*, 28 April, ECLI:

庄司克宏（2013）『新 EU 法　基礎篇』岩波書店
庄司克宏（2014）『新 EU 法　政策篇』岩波書店
駐日欧州連合代表部（2017）「「成果重視の予算」に取り組む EU」『EU MAG』, Vol. 56, 1 月号
Browne, James; Johnson, Paul & Phillips, David（2016）*The Budget of the European Union: A Guide*, Institute for Fiscal Studies ＊
Collignon, Stefan（2004）"Is Europe going too far enough? Reflections on the EU's economic governance", *Journal of European Public Policy*, Vol. 11, No. 5
Collignon, Stefan（2011）"My two-step solution to Europe's democratic and economic crisis", *The Guardian*, 7 September ＊
Dustmann, Christian; Eichengreen, Barry; Otten, Sebastian; Sapir, André; Tabellini, Guido & Zoega, Gylfi（2017）*Europe's Trust Deficit: Causes and Remedies*, Centre for Economic Policy Research ＊
European Commission（2014a）*A new EU Framework to strengthen the Rule of Law*, COM（2014）158 final/2, 19 March ＊
European Commission（2014b）*Annexes to A new EU Framework to strengthen the Rule of Law* COM（2014）158 final, 11 March ＊
European Commission（2016a）*Chapters of the acquis*, 6 December ＊
European Commission（2016b）*Standard Eurobarometer 86*, Autumn ＊
European Parliament（2016）*Major changes in European public opinion regarding the European Union* ＊
European Parliament（2017）*Two years until the 2019 European elections: Special Eurobarometer of the European Parliament* ＊
Eurostat（2017）*Population and population change statistics* ＊
Fischer, Klemens H.（2010）*Der Vertrag von Lissabon*（2. Auflage）, Nomos, Baden-Baden
Hix, Simon（2017）"The EU as a New Political System" in Daniele Caramani（ed.）, *Comparative Politics*（4th ed.）, Oxford University Press
Konstadinides, Theodore（2017）*The Rule of Law in the European Union: The Internal Dimension*, Hart Publishing
Krastev, Ivan（2017）*After Europe*, University of Pennsylvania Press

*nal of Democracy*, Vol. 1, No. 1
Krastev, Ivan（2007）"The Strange Death of the Liberal Consensus", *Journal of Democracy*, Vol. 18, No. 4
Krastev, Ivan（2016）"The Unraveling of the Post-1989 Order", *Journal of Democracy*, Vol. 27, No. 4
Krastev, Ivan（2017）*After Europe*, University of Pennsylvania Press
Kriesi, Hanspeter & Pappas, Takis S.（2016）*European Populism in the Shadow of the Great Recession*, ECPR Press
Mény, Yves & Surel, Yves（eds.）（2002）*Democracies and the Populist Challenge*, Palgrave
Mudde, Cas（2016a）*On Extremism and Democracy in Europe*, Routledge
Mudde, Cas（ed.）（2016b）*The Populist Radical Right: A Reader*, Routledge
Mudde, Cas & Kaltwasser, Cristobal R.（2017）*Populism: A Very Short Introduction*, Oxford University Press
Odmalm, Pontus & Hepburn, Eve（eds.）（2017）*The European Mainstream and the Populist Radical Right*, Routledge
Pappas, Takis S.（2016）"Distinguishing Liberal Democracy's Challengers", *Journal of Democracy*, Vol. 27, No. 4
Plattner, Marc F.（2010）"Populism, Pluralism, and Liberal Democracy", *Journal of Democracy*, Vol. 21, No. 1
Rupnik, Jacques（2007）"From Democracy Fatigue to Populist Backlash", *Journal of Democracy*, Vol. 18, No. 4
Sierakowski, Slawomir（2017）"Lessons from Poland on populism", *World Economic Forum*, 3 January＊
Szczerbiak, Aleks & Taggart, Paul（2016）"Hard choices and few soft options: The implications of Brexit for Euroscepticism across Europe", *EUROPP*, LSE, 5 August＊

### 第２章

庄司克宏（2007）『欧州連合——統治の論理とゆくえ』岩波書店（2016年、第10刷）

(2016) *Radical Right-Wing Populist Parties in Western Europe: Into the Mainstream?*, Routledge

Bonikowski, Bart & Gidron, Noam (2016) "Multiple Traditions in Populism Research: Toward a Theoretical Synthesis", *Comparative Politics Newsletter*, Vol. 26, No. 2*

Buti, Marco & Pichelmann, Karl (2017) "European integration and populism: addressing Dahrendorf's quandary", *POLICY BRIEF*, LUISS School of European Political Economy, 30 January*

Canovan, Margaret (1999) "Trust the People! Populism and the Two Faces of Democracy", *Political Studies*, Vol. 47, No. 1

Canovan, Margaret (2004) "Populism for Political Theorists?", *Journal of Political Ideologies*, Vol. 9, No. 3

De Vries, Catherine & Hoffmann, Isabell (2016) "Fear not Values. Public opinion and the populist vote in Europe", *eupinions*, 2016/3, Bertelsmann Stiftung*

Di Tella, Torcuato S. (1995) "Populism" in Seymour Martin Lipset (Editor in Chief), *The Encyclopedia of Democracy*, Vol. Ⅲ, Routledge

European Commission (2017) Reflection Paper on Harnessing Globalisation, COM (2017) 240

Greven, Thomas (2017) "Right-Wing Populism and Authoritarian Nationalism in the U.S. and Europe", *International Policy Analysis*, Friedrich-Ebert-Stiftung*

Gros, Daniel (2017) "Can the EU survive in an age of populism?", *CEPS Commentary*, 9 January*

Inglehart, Ronald F. & Norris, Pippa (2016) "Trump, Brexit, and the Rise of Populism: Economic Have-Nots and Cultural Backlash", HKS Faculty Research Working Paper Series*

Jacoby, Wade & Meunier, Sophie (2010) Europe and the management of globalization, *Journal of European Public Policy*, Vol. 17, No. 3

Kaniok, Petr & Havlík, Vlastimil (2016) "Populism and Euroscepticism in the Czech Republic: Meeting Friends or Passing By?", *Romanian Journal of European Affairs*, Vol. 16, No. 2

Kolakowski, Leszek (1990) "Uncertainties of a Democratic Age", *Jour-*

Melander, Ingrid (2017) "Factbox: Marine Le Pen's French presidential election policies", *Reuters*, 15 April ＊
Mohdin, Aamna (2017) "Populist, authoritarian leaders are still on the rise across Europe", *Quartz* ＊
Nowak, Marysia & Branford, Becky (2017) "France elections: What makes Marine Le Pen far right?", *BBC News*, 10 February ＊
Sandford, Alasdair (2017) "What are Marine Le Pen's policies?", *Euronews*, 9 February ＊

### 第1章

有賀誠（2017）「自由主義と政府」、菊池理夫・有賀誠・田上孝一編著『政府の政治理論――思想と実践』晃洋書房
大塚桂（2014）『リベラリズムの論理』泉文堂
国末憲人（2016）『ポピュリズム化する世界――なぜポピュリストは物事に白黒をつけたがるのか？』プレジデント社
国立国会図書館（2017）「欧州における主なポピュリズム政党」『調査と情報』第961号＊
庄司克宏（2017）「Brexitの諸問題・4――英国、欧州ポピュリズムとリベラルEU」『貿易と関税』第65巻7号
高橋進・石田徹編（2013）『ポピュリズム時代のデモクラシー――ヨーロッパからの考察』法律文化社
中谷義和・川村仁子・高橋進・松下冽編（2017）『ポピュリズムのグローバル化を問う――揺らぐ民主主義のゆくえ』法律文化社
水島治郎（2016）『ポピュリズムとは何か――民主主義の敵か、改革の希望か』中央公論新社
ミュラー，ヤン＝ヴェルナー（板橋拓己訳）（2017）『ポピュリズムとは何か』岩波書店
Abdelal, Rawi & Meunier, Sophie (2010) Managed globalization: doctrine, practice and promise, *Journal of European Public Policy*, Vol. 17, No. 3
Abts, Koen & Rummens, Stefan (2007) "Populism versus Democracy", *Political Studies*, Vol. 55, No. 2
Akkerman, Tjitske; De Lange, Sarah L. & Rooduijn Matthijs (eds.)

## 主要参考文献

・本書執筆に当たり参照した主要参考文献を、邦語文献については著者名の50音順、また、外国語文献については著者名のアルファベット順に、章別に掲げている。邦訳されている外国語文献は邦語文献に含めている。
・章別に掲げているため、重複している場合もある。
・＊印のついたものは、ウェブサイト上で入手した資料である。これらについては、すべて2018年1月に確認している。
・筆者自身による著作については、本書の執筆においてその一部を利用している場合がある。

### はじめに

国末憲人（2017）『ポピュリズムと欧州動乱——フランスはEU崩壊の引き金を引くのか』講談社
AfD（2017）*AfD Manifesto for Germany*
Blickle, Von Paul; Loos, Andreas; Mohr, Fabian; Speckmeier, Julia; Stahnke, Julian; Venohr, Sascha & Völlinger, Veronika（2017）"The AfD Profits from Non-Voters and Merkel Defectors", *Zeit Online*, 25 September＊
Chase, Jefferson（2017）"AfD: What you need to know about Germany's far-right party", *Deutsche Welle*, 24 September＊
Hagen, Lisa（2017）"How the AfD Won", *The Atlantic*, 26 September＊
Heinö, Andreas J.（2016）*Timbro Authoritarian Populism Index 2016*, Timbro＊
Heinö, Andreas J.; Caccavello, Giovanni & Sandell, Cecilia（2017）*Authoritarian Populism Index 2017*, European Policy Information Center＊
Hough, Daniel（2017）"Germany's AfD: how to understand the rise of the right-wing populists", *The Conversation*, 25 September＊
Martin, Michelle & Heller, Gernot（2016),"Germans strongly back EU membership, oppose referendum – poll", *Reuters*, 27 June＊

ちくま新書
1327

欧州《おうしゅう》ポピュリズム
――EU分断《ぶんだん》は避《さ》けられるか

二〇一八年五月一〇日 第一刷発行

著者 庄司克宏（しょうじ・かつひろ）
発行者 山野浩一
発行所 株式会社 筑摩書房
東京都台東区蔵前二―五―三 郵便番号一一一―八七五五
振替〇〇一六〇―八―四一二三
装幀者 間村俊一
印刷・製本 株式会社 精興社

乱丁・落丁本の場合は、左記宛にご送付ください。
送料小社負担でお取り替えいたします。
ご注文・お問い合わせも左記へお願いいたします。
〒三三一―八五〇七 さいたま市北区櫛引町二―六〇四
筑摩書房サービスセンター 電話〇四八―六五一―〇〇五三

ISBN978-4-480-07142-2 C0231

## ちくま新書

1278
**フランス現代史　隠された記憶**
——戦争のタブーを追跡する
宮川裕章
第一次大戦の遺体や不発弾処理で住めない村。第二次大戦の対独協力の記憶。見捨てられたアルジェリアのフランス兵アルキ……。等身大の悩めるフランスを活写。

1262
**分解するイギリス**
——民主主義モデルの漂流
近藤康史
EU離脱、スコットランド独立——イギリスは政治の機能不全で分解に向かいつつある。もはや英国議会政治は民主主義のモデルたりえないのか。危機の深層に迫る。

1240
**あやつられる難民**
——政府、国連、NGOのはざまで
米川正子
いま世界の難民は国連と各国政府、人道支援団体の間で翻弄されている。難民本位の支援はなぜ実現しないのか。アフリカ現地での支援経験を踏まえ、批判的に報告する。

1147
**ヨーロッパ覇権史**
玉木俊明
オランダ、ポルトガル、イギリスなど近代ヨーロッパ諸国の台頭は、世界を一変させた。本書は、軍事革命、大西洋貿易、アジア進出など、その拡大の歴史を追う。

1311
**アメリカの社会変革**
——人種・移民・ジェンダー・LGBT
ホーン川嶋瑤子
「チェンジ」の価値化——これこそがアメリカ文化の柱である。保守とリベラルのせめぎあいでダイナミックに動く、平等化運動から見たアメリカの歴史と現在。

1299
**平成デモクラシー史**
清水真人
90年代の統治改革が政治の風景をがらりと変えた。「小泉劇場」から民主党政権を経て「安倍一強」へ。激動の30年を俯瞰し、「平成デモクラシー」の航跡を描く。

1017
**ナショナリズムの復権**
先崎彰容
現代人の精神構造は、ナショナリズムとは無縁たりえない。アーレント、吉本隆明、江藤淳、丸山眞男らの名著から国家とは何かを考え、戦後日本の精神史を読み解く。

1033
平和構築入門
――その思想と方法を問いなおす
篠田英朗
平和はいかにしてつくられるものなのか。武力介入や犯罪処罰、開発援助、人命救助など、その実際的手法と背景にある思想をわかりやすく解説する、必読の入門書。

1195
「野党」論
――何のためにあるのか
吉田徹
野党は、民主主義をよりよくする上で不可欠のツールだ。そんな野党に多角的な光を当て、来るべき野党を、これからの対立軸を展望する。「賢い有権者」必読の書！

1083
ヨーロッパ思想を読み解く
――何が近代科学を生んだか
古田博司
なぜ西洋にのみ科学的思考が発達したのか。その秘密をカント、ニーチェ、ハイデガーらに探り、西洋独特の思考パターンを対話形式で読み解く。異色の思想史入門。

997
これから世界はどうなるか
――米国衰退と日本
孫崎享
経済・軍事・文化発信で他国を圧倒した米国の凋落が著しい。この歴史的な大転換のなか、世界は新秩序を模索し始めた。日本の平和と繁栄のために進むべき道とは。

1206
銀の世界史
祝田秀全
世界中を駆け巡った銀は、近代工業社会を生み世界経済の一体化を導いた。銀を読みといて、コロンブスから産業革命、日清戦争まで、世界史をわしづかみにする。

945
緑の政治ガイドブック
――公正で持続可能な社会をつくる
デレク・ウォール
白井和宏訳
原発が大事故を起こし、グローバル資本主義が行き詰まった今の日本で、私たちはどのように社会を変えていけばいいのか。巻末に、鎌仲ひとみ×中沢新一の対談を収録。

1082
第一次世界大戦
木村靖二
第一次世界大戦こそは、国際体制の変化、女性の社会進出、福祉国家化などをもたらした現代史の画期である。戦史的経過と社会的変遷の両面からたどる入門書。

# ちくま新書

1236
日本の戦略外交
鈴木美勝
外交取材のエキスパートが読む世界史ゲームのいま。「歴史」の和解と打算、機略縦横の駆け引き、舞台裏で支えるキーマンの素顔……。戦略的リアリズムとは何か！

943
政治主導
——官僚制を問いなおす
新藤宗幸
なぜ政治家は官僚に負けるのか。機能麻痺に陥っている行政組織をどうするべきか。政策決定のプロセスから人事システムまで、政官関係の本質を問いなおす！

1267
ほんとうの憲法
——戦後日本憲法学批判
篠田英朗
憲法九条や集団的自衛権をめぐる日本の憲法学者の議論はなぜガラパゴス化したのか。歴史的経緯を踏まえ、政治学の立場から国際協調主義による平和構築を訴える。

1011
チャイニーズ・ドリーム
——大衆資本主義が世界を変える
丸川知雄
日本企業はなぜ中国企業に苦戦するのか。その秘密は、カネも技術もなくても起業に挑戦する普通の庶民のハングリー精神と、彼らが生み出すイノベーションにある！

1185
台湾とは何か
野嶋剛
国力において圧倒的な中国・日本との関係を深化させる台湾。日中台の複雑な三角関係を波乱の歴史、台湾の社会・政治状況から解き明かし、日本の針路を提言。

1277
消費大陸アジア
——巨大市場を読みとく
川端基夫
中国、台湾、タイ、インドネシア……いま盛り上がるアジア各国の市場や消費者の特徴・ポイントを豊富な実例で解説する。成功する商品・企業は何が違うのか？

882
中国を拒否できない日本
関岡英之
大きな脅威となった中国の経済力と軍事力。そこにはどのような国家戦略が秘められているのか。「超限戦」に対して「汎アジア」構想を提唱する新たな地政学の試み。